Adolescência e trabalho

Dados Internacionais de Catalogação na Publicação (CIP)
(Câmara Brasileira do Livro, SP, Brasil)

Fonseca, João César de Freitas
Adolescência e trabalho / João César de Freitas Fonseca. — São Paulo : Summus, 2003.

Bibliografia.
ISBN 85-323-0835-X

1. Adolescentes 2. Escolha de profissão 3. Orientação vocacional I. Título.

03-4029   CDD-155.518

Índice para catálogo sistemático:

1. Adolescentes : Profissionalização : Psicologia   155.518

Compre em lugar de fotocopiar.
Cada real que você dá por um livro recompensa seus autores
e os convida a produzir mais sobre o tema;
incentiva seus editores a encomendar, traduzir e publicar
outras obras sobre o assunto;
e paga aos livreiros por estocar e levar até você livros
para a sua informação e o seu entretenimento.
Cada real que você dá pela fotocópia não autorizada de um livro
financia um crime
e ajuda a matar a produção intelectual em todo o mundo.

Adolescência e trabalho

João César de Freitas Fonseca

summus editorial

ADOLESCÊNCIA E TRABALHO
Copyright © 2003 by João César de Freitas Fonseca
Direitos desta edição reservados por Summus Editorial

Capa: **Ana Lima**
Editoração Eletrônica: **Acqua Estúdio Gráfico**

Summus Editorial
Departamento editorial:
Rua Itapicuru, 613 – 7º andar
05006-000 – São Paulo – SP
Fone: (11) 3872-3322
Fax: (11) 3872-7476
http://www.summus.com.br
e-mail: summus@summus.com.br

Atendimento ao consumidor:
Summus Editorial
Fone: (11) 3865-9890

Vendas por atacado:
Fone: (11) 3873-8638
Fax: (11) 3873-7085
e-mail: vendas@summus.com.br

Impresso no Brasil

Agradecimentos

Professora Íris Barbosa Goulart,
orientadora que soube realizar a difícil junção entre lucidez,
sensibilidade e competência.

Christina, Diego, Carol, Isabella e João Gabriel,
por terem suportado tão bem o ônus do distanciamento
muitas vezes necessário para que este trabalho chegasse a termo,
atestando a existência do amor incondicional.

Professores José Newton Garcia Araújo e Vanessa Andrade Barros,
pelo incentivo e encorajamento,
ajudando-me a acreditar na possibilidade de superação constante.

Beth, Ilma, Alessandro, Alexandre
e demais funcionários da Fafich e da Escola de Engenharia,
colegas que souberam transcender o vínculo do trabalho
e criar a relação de solidariedade fundamental em nossas vidas.

Rosânia e demais colegas do Mestrado,
pelas críticas e pelo afeto compartilhados nessa trilha.

Diretorias da Escola de Engenharia e da Fafich,
pelo apoio e pela confiança e por terem propiciado
as condições de trabalho
que viabilizaram este estudo.

Trabalhadores adolescentes,
por consentirem em participar dessa tentativa
de um diálogo vivo e esclarecedor.

Todos aqueles amigos e familiares que,
direta ou indiretamente, contribuíram
para atenuar nossas dificuldades e limitações.

Deus,
por se fazer presente nessa caminhada com tamanha clareza,
a ponto de tornar-se impossível não percebê-Lo.

Índice

Prefácio 9

Apresentação
Um esforço para desvelar para o leitor um autor e seu sonho 11

Prólogo 15

Introdução 17

1. ADOLESCÊNCIA E TRABALHO 23
Ao longo da História 23
Em busca da proteção integral: a visão do direito 25
Formação política: uma preocupação da educação 28
Os diversos olhares da psicologia 30
As contribuições da psicanálise 31
Algumas reflexões necessárias 35

2. ADOLESCÊNCIA E IDENTIDADE 37
A psicologia social, o interacionismo e a noção de
identidade 37
O modelo eriksoniano 44
Adolescência e adolescentes 47

3. METODOLOGIA 51
Considerações iniciais 51
A delimitação do método e a escolha da técnica 53
O objeto empírico da pesquisa 55
Instrumentos e procedimentos para coleta de dados 59
Análise dos dados 61

4. OS ADOLESCENTES TRABALHADORES: UMA ESCUTA POSSÍVEL 63
O grupo familiar: a pré-história 63
O programa de profissionalização: a imersão no contexto
   institucional 69
O trabalho 79
A escola 89
A saúde 93
O futuro: expectativas e possibilidades 94
As identidades e a metamorfose 97

5. ANÁLISE DOS DADOS 101

Considerações finais 111

Referências bibliográficas 113

Prefácio

Entre as muitas razões que qualificam a presente obra de João César de Freitas Fonseca, pró-reitor adjunto de Recursos Humanos da Universidade Federal de Minas Gerais, apontaria duas particularmente relevantes. Uma, que diz respeito à UFMG como instituição, exemplifica a viabilidade de que a nossa atividade cotidiana, no caso um programa de trabalho na adolescência em curso entre nós, venha a ser objeto de estudo em nossos programas acadêmicos. Instituições, não raro, costumam ser invisíveis para si próprias. Entretanto, é uma meta mais que desejável que o conhecimento e a tecnologia produzidos na universidade reflitam, também, sobre seu cotidiano e, sendo o caso, colaborem para sua transformação. O conhecimento é uma forma de desvelamento, de esforço sempre recomeçado, de luta contra a opacidade do mundo e das relações humanas. Do conhecimento devemos esperar que contribua para a construção de sociedades e relações sociais crescentemente mais justas e mais humanizadoras. Esse é um dos méritos deste livro.

Outra razão, essa de cunho mais teórico, é a saudável distância, assumida pelo autor, de qualquer perspectiva que, apoiada em dogmas tão gastos quanto estéreis, dissolva a complexidade da temática do trabalho na adolescência nas malhas dos reducionismos apressados e altissonantes tão a gosto de nossa cultura. Ao insistir na fecundidade científica das categorias de subjetividade e representação, o texto evidencia a necessidade de reconhecermos a marca humana nas relações de trabalho. A objetividade do trabalho, vivida no espaço humano, perde-se – e perder-se-á sempre – se desconhecermos o universo simbólico a ela associado. O mundo do trabalho, local de construção das identidades, é, ao mesmo tempo, um espaço de instanciação permanente dos valores. Valores que degradam ou que dignificam os homens e as mulheres.

Ana Lúcia Almeida Gazzola

Reitora da Universidade Federal de Minas Gerais

Apresentação
Um esforço para desvelar para
o leitor um autor e seu sonho

Num relacionamento bem próximo, freqüente, amigo, convivi com João César durante a gestação deste trabalho, como sua orientadora. Tentei, durante este período, descobrir o que levava o funcionário risonho e sério, tímido e ousado, feliz e insatisfeito a perseguir a intenção de escrever sobre os menores trabalhadores que povoam os corredores da Universidade. Só o tempo me levaria a compreender que as pessoas sérias como ele não precisam deixar de sorrir; coisas muito graves podem ser ditas com um sorriso nos lábios; podemos ser tímidos, não pretender chamar a atenção dos outros, mas isso não nos impede de ter atitudes corajosas e poder ser feliz com o que se tem, mas sem fechar os olhos à realidade em torno de nós. Descobri que o funcionário do Núcleo de Estudos sobre o Trabalho Humano, silenciosamente, absorvera a teoria ali respirada, e que sua consciência construída no espaço acadêmico exigia uma atitude avaliadora sobre a contribuição oferecida por cada um de nós – funcionários e professores – para a construção do futuro de jovens que viviam um momento significativo de suas vidas no nosso meio. Identificado com esses adolescentes trabalhadores, ele alimentava o sonho de despertar-nos e de tornar-nos comprometidos.

"[...] não são simples 'casos'. São vidas, repletas de anseios, sonhos, desejos e medos." Essa parece ser sua denúncia. Essa é sua tese.

A tomada de posição dos adultos, a expectativa implícita e evidente de uma maior participação.

Mas por que temos de nos preocupar com os jovens, especialmente estes que transitam pelos nossos gabinetes, passam despreocupados pelos corredores, sem nenhuma característica especial, sem uma origem que os apresente, sem terem uma perspectiva definida? Porque eles são a esponja que absorve a cultura, o ponto em que o presente anuncia o futuro, o dia de hoje prometendo ou ameaçando o de amanhã. No corre-corre do cotidiano, o que não percebemos é que em nossa desconsideração existe uma confirmação diária dos princípios da sociedade de classes em que vivemos. No maior descaso, tratamos esses jovens como se não tivessem a menor importância, ignoramos sua individualidade e, com ela, sua capacidade de mudar e de superar os limites que lhes foram impostos. Sem nos apercebermos, contrariamos o discurso que fazemos na sala de aula ou na discussão com nossos pares, quando apregoamos que é necessário valorizar o ser humano, que somos iguais, que não é justo impedir os menos favorecidos de terem sua oportunidade. Tratamos os "meninos da Cruz Vermelha" como se aquele momento de suas vidas não tivesse a menor importância, como se fosse uma passagem que aconteceria além dos limites de sua pele. Triste a denúncia que, com cuidado, de modo sutil, foi registrada por João César.

O que é ser adolescente trabalhador em nossa Universidade ou em outros órgãos públicos de nosso país? É sobreviver. Sem projeto, sem valor, existindo para servir o outro. Imersos na ideologia da sociedade capitalista, não percebemos que esses jovens são mais do que meninos em busca de uns "trocados" para o orçamento familiar, ali colocados principalmente por suas mães. Infelizmente, essas mães não perceberam que nas salas, corredores e ruas em que colocam seus filhos confirmam o lugar que sua classe social lhes reservou: o lugar de subalternos, de pessoas de uma segunda categoria, sem nenhum valor.

Como reparar a destruição sistemática que os homens sofrem desde o nascimento, na sociedade da competição? Como abrir os olhos das pessoas sem chamá-las de opressoras? Pela denúncia, e denunciar constitui um dos papéis mais dignos da Academia. É neste ponto que considero que se deu o salto qualitativo do autor. Como funcionário, identificado com jovens que, como ele, vieram de camadas sociais menos privilegiadas, fez a leitura do cotidiano e apresentou-os à sociedade com a questão: "O que você fez por eles?". É nesse salto que está o mérito de João César.

Não consigo, depois de seu trabalho, olhar com os mesmos olhos os meninos que transitam pelos nossos corredores sem repetir para mim a pergunta. Não acredito que, depois de ler o que eles dizem, possamos ficar indiferentes à maneira pela qual tratamos nossos funcionários que, como o autor, ouvem e assimilam nossos discursos. Felizmente, alguns deles conseguem, como ele, ascender da condição de pessoas que vivem para servir ao lugar de quem pensa e decide o destino de muitos. De funcionário silencioso, tímido, do NESTH à posição que ocupa hoje – pró-reitor adjunto de Recursos Humanos – não foi, por certo, um salto. Foi um percurso longo, de quem ama o próximo e, segundo o grande poeta de nossa música popular, Caetano Veloso, "quem ama, cuida".

Termino esta apresentação dizendo que vejo o trabalho de João César como a expressão de um cuidado especial com os jovens adolescentes trabalhadores. E, de acordo com o filósofo Leonardo Boff, "Mitos antigos e pensadores contemporâneos dos mais profundos nos ensinam que a essência humana não se encontra tanto na inteligência, na liberdade ou na criatividade, mas basicamente no cuidado. O cuidado é, na verdade, o suporte real da criatividade, da liberdade e da inteligência. No cuidado se encontra o ethos fundamental do humano. Quer dizer, no cuidado identificamos os princípios, os valores e as atitudes que fazem da vida um bem-viver e das ações um reto agir".*

Íris B. Goulart

Professora do Curso de Psicologia da FAFICH – UFMG

---

* BOFF, Leonardo. *Saber cuidar: ética do humano – compaixão pela terra.* 5. ed., Petrópolis, Vozes, 2000.

[handwritten:] Pretendo trabalhar para pagar cursos que poderam me ajuda no futuro, investir ou seja depositar meu futuro no banco, para que no facudade, poça pagar minha

"Pretendo trabalhar para pagar cursos que poderão me ajudar no futuro, investir ou seja depositar meu salário no banco, para que no futuro eu possa pagar minha faculdade."

[handwritten:] Eu quero trabalhar, para ajudar minha família, pois lá em casa tem só dois irmãos que trabalho. E o que eles ganham não da para nos sustentar, pois lá em casa todo minha família mora junto

"Eu quero trabalhar para ajudar minha família, pois lá em casa tem só dois irmãos que trabalha. E o que eles ganham não dá para nos sustentar, pois lá em casa toda minha família mora junto."

Prólogo

O presente livro foi desenvolvido com base na análise dos depoimentos de pessoas de 18 a 20 anos que experimentaram uma relação de trabalho formal por meio de um programa institucional de profissionalização durante sua própria adolescência, ou seja, dos 14 aos 18 anos.

Nessa pesquisa, buscamos analisar a relação entre as representações de trabalho e identidade desses trabalhadores e suas percepções sobre o impacto da experiência profissional na construção da sua própria identidade. Partindo do pressuposto de que a inserção desses adolescentes em um programa de profissionalização está marcada pela representação da própria família em relação ao trabalho, verificamos que essa experiência é extremamente significativa para o adolescente, na medida em que lhe permite reformular sua representação do próprio trabalho, dos grupos sociais aos quais se vincula e, principalmente, de si mesmo como sujeito.

A análise utilizou o referencial teórico da psicologia social, com privilégio para os estudos que enfocam a construção psicossocial da identidade. São apresentados elementos que contribuem para a temática da formação profissional, particularmente para a discussão da montagem e implementação de programas de profissionalização de adolescentes em instituições, aprofundando a reflexão crítica sobre *quem* é o trabalhador adolescente, qual é a *sua relação com o seu trabalho* e como esse trabalho afeta a sua *identidade e visão do mundo*.

Foi desenvolvida uma pesquisa qualitativa, cujos dados, obtidos em entrevistas semi-estruturadas, permitem conhecer melhor alguns processos de construção da identidade desses adolescentes e verificar que a noção de identidade deles é mediada, de maneira extremamente significativa, pela inserção no mundo do trabalho formal e pelas relações sociais experimentadas nesse contexto.

Este livro é uma versão um tanto modificada da dissertação apresentada na conclusão do curso de mestrado em Psicologia Social da UFMG. Porém, convidamos o leitor a avançar um pouco além. Até um ponto em que possamos nos lembrar de que os depoimentos aqui apresentados não são simples "casos". São vidas, repletas de anseios, sonhos, desejos e medos. Enfim, mais do que o aspecto unicamente científico, pretendemos destacar a dimensão humana do trabalho, admirando-nos, cada vez mais, com a capacidade de criação e reformulação que todos lutamos para manter em nossas próprias vidas.

Introdução

O presente livro nasceu como desdobramento da monografia "Programas de profissionalização de menores: o aproveitamento do trabalho de adolescentes nos recursos humanos de instituições", apresentada ao curso de especialização em Gestão Estratégica – área de Recursos Humanos do Cepead/Face/UFMG. O estudo, realizado em 1995, tinha como objetivo analisar as especificidades do trabalho de adolescentes vinculados a programas de profissionalização em instituições, buscando contribuir para o aprofundamento da discussão em torno do trabalho infanto-juvenil.

Essa proposta coincidiu com os interesses da própria UFMG que instituiu, em junho de 1995, um grupo de trabalho para avaliar o programa de contratação de menores mediante o já mencionado convênio. O relatório final desse grupo de trabalho, apresentado em novembro de 1995 e por nós utilizado por ocasião da elaboração da referida monografia, apresenta conclusões importantes e deixa entrever a pertinência da pesquisa que apresentamos.

Importa ainda contextualizar esse trabalho, ampliando nossa percepção para um horizonte mais abrangente, no qual certamente encontraremos justificativas mais claras para esse tema. No cenário atual brasileiro evidenciamos a presença cada vez mais freqüente de jovens no mercado de trabalho. Dados apresentados pela Pesquisa Nacional de Amostra por Domicílio (PNAD, 1995) realizada pelo Instituto Brasileiro de Geografia e Estatística (IBGE) mostram que a população brasileira de adolescentes (de 15 a 19 anos) teria atingido um total de 15,8 milhões de indivíduos em 1995. Desse total, 8,9 milhões (ou seja, 56,6%) foram considerados economicamente ativos (Cadastro... 1997, p. 16).

Não se trata apenas de uma porcentagem elevada. Estudos que avaliam a situação demográfica dos adolescentes no Brasil (Bercovich; Madeira; Torres, 1997) solicitam atenção para o fenômeno que vem sendo chamado de *onda de adolescentes*, que poderia ser entendido como o momento de "alargamento" de determinada faixa etária da população (no caso, a adolescência), e deverá atingir seu ápice no período entre 1995 e 2005. Importa também enfatizar a questão das especificidades apresentadas por algumas regiões do Brasil: 73,6% do número total de adolescentes brasileiros estão concentrados nas regiões Sudeste (41,5%) e Nordeste (32,1%), o que pressupõe um impacto diferenciado no mercado de trabalho dessas regiões.

Quanto aos setores de atividades, observa-se uma variedade cada vez mais ampla, desde fábricas de sapatos a fornos de carvão, passando pelas colheitas de cana e pelo recolhimento de lixo. O maior crescimento, porém, é verificado no setor terciário (comércio e serviços em geral), que absorvia 24,2% dos adolescentes ocupados em 1995. Além disso, é relevante destacar o aumento do número de trabalhadores absorvidos pelo chamado setor informal, sobre o qual os indicadores oficiais relacionados ao trabalho adolescente ainda não são tão exatos.[1]

O presente trabalho enfatiza a concepção de *trabalho educativo* expressa nos programas de profissionalização de adolescentes em instituições. É importante lembrar que esse recorte – o trabalho em instituições – vai delimitar e caracterizar nosso tema. Nesse sentido, podemos recorrer a Lapassade (1977), lembrando que uma instituição pode significar "um sistema de normas que estruturam um grupo social, regulam a sua vida e o seu funcionamento", e esse dado não pode ser desconsiderado.

---

1. Pesquisa realizada pelo Dieese (1996) na região metropolitana de Belo Horizonte em 1996 levantava alguns aspectos que afetam a questão do real mapeamento do trabalho infanto-juvenil. Ainda assim, revelava dados importantes: 19% dos adolescentes trabalhadores não têm carteira assinada.

O trabalho adolescente vinculado a programas de profissionalização em instituições tem características próprias e essa delimitação é importante em nossa proposta. Quando nos propomos a observar e analisar o trabalho de adolescentes insertos em uma instituição, confirmamos que ali sistemas simbólicos sancionados implicam e estabelecem padrões de funcionamento, rituais, direitos e deveres. Essa inserção trará efeitos diferenciados se consideradas outras situações de trabalho, como o trabalho doméstico ou o informal.

Ao inserir-se no sistema produtivo, o adolescente – ator-platéia da construção de sua própria identidade – é também inserto na *organização,* que pode ser compreendida como um sistema de códigos e convenções, normas e regulamentos. Essa inserção, conforme pretendemos demonstrar ao longo deste texto, vai exercer profunda influência na percepção do adolescente a respeito de si próprio e da sociedade em que vive.

É importante lembrar também que quando nos referimos a *relações de trabalho* estamos remetendo-nos, necessariamente, a relações sociais. As considerações de Antunes sintetizam bem o nosso ponto de vista:

> A história da realização do ser social, muitos já o disseram, objetiva-se através da produção e reprodução de sua existência, ato social que se efetiva pelo trabalho. Este, por sua vez, desenvolve-se pelos laços de cooperação social existentes no processo de produção material. *Em outras palavras, o ato de produção e reprodução da vida humana realiza-se pelo trabalho.* É a partir do trabalho, em sua cotidianidade, que o homem torna-se ser social, distinguindo-se de todas as formas não-humanas. [grifo nosso] (1995, p. 121)

Acompanhando por quase quatro anos um contingente de aproximadamente 30 adolescentes trabalhadores insertos no contexto das relações de trabalho instituídas na Universidade Federal de Minas Gerais na década de 1990, pudemos perceber que os dados apresentados pelas amostras estatísticas não dão conta (provavelmente nem tenham tal pretensão) de oferecer elementos que permitam uma compreensão maior desse ator social: o adolescente trabalhador.

Da mesma forma que os trabalhadores adultos, também os adolescentes estão submetidos a um modelo econômico excludente e perverso, que torna precárias as relações de trabalho e propicia o aumento do desemprego, bem como de todas as conseqüências a ele relacionadas. Entretanto, pudemos perceber que as dificuldades vividas pelos adolescentes trabalhadores não podem ser consideradas simplesmente resolvidas pela "oportunidade" de trabalho que lhes é ofertada. Mesmo porque essa "inclusão" no mundo do trabalho formal traz consigo toda uma série de situações, algumas delas ligadas a questões mais objetivas (qualificação profissional, regulamentação jurídica do trabalho, aspectos educacionais) e outras mais subjetivas (representação do trabalho, identidade, perspectivas socioprofissionais).

Dentro desse contexto, constitui prática social evidente nos dias de hoje a apresentação de propostas de integração/adaptação de jovens à sociedade, particularmente pelo trabalho. Programas institucionais de apoio à formação de trabalhadores nos mais diversos setores produtivos são comuns, originários tanto do setor público quanto do setor privado, sem falar dos já consagrados cursos do Sistema S (serviços nacionais da indústria, comércio, transporte e área rural). Convive-se cotidianamente com o discurso de "salvação pelo trabalho" e jovens sorrindo, felizes por terem aprendido uma profissão e se "reintegrado" à sociedade, são imagens comuns nos intervalos comerciais de televisão.

A imprensa, em suas referências ao tema, com freqüência utiliza a expressão "trabalho *do menor*". Nesse caso, o termo *menor* refere-se, claramente, ao caráter jurídico com que a questão é abordada ("menor de idade"). Portanto, observa-se que a questão do trabalho infanto-juvenil tem prendido a atenção de profissionais das áreas do direito, da sociologia, do serviço social, da economia e da educação, principalmente. Os trabalhadores da área da saúde – em especial da saúde mental – têm ficado em dívida com seus colegas "menores".

Parece haver um hiato entre os macro e os microprocessos sociais que regulam a questão do trabalho adolescente. Como objetivo geral, portanto, esta pesquisa propõe uma investigação sobre o processo de construção da identidade dos adolescentes insertos no mundo do trabalho formal por meio de um programa de profissionalização institucional.

Como objetivos específicos a serem atingidos por nossa pesquisa, realçamos aqui alguns que nos parecem de maior relevância:

- analisar a produção teórica sobre o tema, percorrendo diferentes trilhas abertas por diversas áreas do conhecimento, mas guardando a psicologia social como referência básica;

- analisar a influência exercida pela experiência de inserção no *mundo do trabalho* na noção de subjetividade dos adolescentes insertos em programas de profissionalização;
- estudar as formas de reação dos adolescentes aos modelos de organização do trabalho aos quais estiveram vinculados pela oferta de uma *escuta* ao relato oferecido pelos próprios adolescentes;
- verificar as possibilidades de interpretação dos dados obtidos pelos depoimentos recolhidos desses jovens, à luz do referencial teórico adotado como eixo central de análise;
- enriquecer a discussão sobre a questão do trabalho adolescente, inferindo sugestões e cuidados a serem considerados na elaboração e implementação dos programas de profissionalização.

Este estudo está estruturado em cinco capítulos.

No Capítulo 1, tentamos mostrar a reformulação das concepções teóricas sobre a relação entre adolescência e trabalho, em diferentes áreas do conhecimento. Evidentemente, não guardamos a pretensão de esgotar o tema ou de oferecer uma leitura profunda do que todas as áreas poderiam trazer. Optamos por privilegiar aquelas ciências que acreditamos terem efetivado uma produção ao mesmo tempo significativa e aberta ao diálogo com o que a psicologia social tem a dizer sobre o assunto.

A psicologia social é o eixo norteador do Capítulo 2, quando buscamos estabelecer um diálogo entre os autores ligados à teoria interacionista de George H. Mead e ao modelo de desenvolvimento psicossocial proposto por Erik Erikson, tentando discutir alguns aspectos da contribuição desses autores para a compreensão de diferentes conceitos ligados à idéia de adolescência.

O Capítulo 3 apresenta os pressupostos metodológicos que nortearam este trabalho, desde a elaboração de parâmetros para a investigação até a análise em profundidade das entrevistas realizadas com os sujeitos, guardando a preocupação de alinhavar tais procedimentos com as bases teóricas anteriormente descritas.

O Capítulo 4 apresenta trechos das entrevistas, interpretando os dados obtidos dos sujeitos segundo o balizamento proposto pelas categorias previamente estabelecidas. As primeiras reflexões recuperam a necessidade de, como pesquisadores, estarmos sempre abertos a recolher dos dados tudo o que eles possam nos oferecer, ainda – e principalmente – ao depararmos com situações que não estavam previstas em nossas hipóteses iniciais. A estrutura oral dos depoimentos foi mantida em sua transcrição.

No Capítulo 5 apresentamos uma análise mais detalhada das entrevistas, alinhavando nossas reflexões ao arcabouço teórico adotado e permitindo-nos trabalhar com maior profundidade sobre os dados obtidos e alcançar uma visão mais ampla de nossa pesquisa.

Finalmente, agrupamos algumas Considerações finais, à guisa de orientar trabalhos futuros que possam complementar as lacunas não contempladas em nosso esforço investigativo.

A idéia, portanto, é analisar adolescentes e instituições como atores sociais unidos por um vínculo – o trabalho – e as implicações dessa união. O enfoque na fala do adolescente, a análise da forma pela qual esse sujeito se percebe e as conseqüentes reformulações diante das experiências que o trabalho lhe apresenta certamente podem contribuir para incrementar as diferentes propostas de atenção ao trabalhador adolescente.

Trata-se de questões muito importantes para serem simplesmente desconsideradas. Não podem ser colocadas de lado quando se pretende estudar o tema do *trabalho adolescente,* sob pena de incorrermos em duplo risco: continuarmos a sustentar processos sociais de exclusão, ao mesmo tempo que contribuímos para a formação de toda uma classe de indivíduos com uma visão desqualificada de si próprios como trabalhadores, como sujeitos e, sobretudo, como seres humanos.

1

Adolescência e trabalho

Sobre a reformulação das concepções sobre a relação entre adolescência e trabalho em diferentes áreas do conhecimento

Ao longo da História

O trabalho como contingência econômica para adolescentes não constitui propriamente novidade. Vem de longa data o início da imposição aos jovens e mesmo às crianças de participarem das práticas produtivas de seus grupos sociais (desde que consideradas minimamente "aptas" à realização delas). O registro feito por Daniel Defoe, autor inglês do século XVIII, é representativo:

> Entre as residências dos patrões estão espalhadas, em grande número, cabanas ou pequenas moradias, nas quais residem os trabalhadores empregados, cujas mulheres e filhos estão *sempre ocupados* em cardar, fiar etc., de forma que, não havendo desempregados, todos podem ganhar seu pão, *desde o mais novo até o mais velho*. Quase todos os que têm mais de quatro anos ganham o bastante para si. É por isso que vemos tão pouca gente nas ruas; mas se batemos a qualquer porta, vemos uma casa cheia de pessoas ocupadas, algumas mexendo com tintas, outras dobrando a fazenda, outras no tear... todas trabalhando, empregadas pelo fabricante e aparentemente tendo bastante o que fazer... [grifo nosso] (Defoe citado por Huberman, 1986, p. 112)

Em linhas gerais, podemos reconhecer uma evolução nas diversas fases da organização do trabalho, o que poderia ser útil na compreensão da relação adolescência *versus* trabalho:

- *sistema familiar*: em que os membros de uma família produzem artigos para seu próprio consumo, característico até o início da Idade Média. Não visa à venda nem ao suprimento de um mercado externo;
- *sistema de corporações*: os chamados mestres artesãos independentes, auxiliados por dois ou três empregados, voltam sua produção para o mercado, até então pequeno e estável. São donos da matéria-prima e das ferramentas que utilizam, e o que é vendido é o produto do trabalho e não o trabalho em si mesmo. Prevalece no transcorrer da Idade Média;
- *sistema doméstico*: o mercado em crescimento do século XVI ao XVIII passa a demandar uma maior produção, pelo mestre artesão com ajudantes, como no sistema de corporações. A diferença é que os mestres já não são independentes; têm a propriedade dos instrumentos de trabalho, mas dependiam, para a matéria-prima, de um intermediário entre eles próprios (produtores) e o consumidor. Passam a caracterizar-se como tarefeiros assalariados;
- *sistema fabril*: em que a produção é realizada fora de casa – nas condições impostas pelo empregador – e voltada para um mercado externo e crescente, embora oscilante. Não há mais sinal de independência dos trabalhadores, que não possuem a matéria-prima que usam, nem os instrumentos. O aumento da necessidade do capital é tão significativo quanto a diminuição do valor da habilidade, substituída cada vez mais pela máquina. Esse sistema origina-se no século XIX e prossegue até o século XX. (Huberman, 1986, p. 115)

Podemos perceber algumas modificações fundamentais: até o sistema doméstico, o trabalho dos jovens e das crianças era complementar ao trabalho de seus pais; a partir da demanda industrial, o trabalho infanto-juvenil passa a se constituir como a base do novo sistema. Antes, o trabalho era realizado em casa, sob direção dos pais, os quais definiam horários e condições; na fábrica, é o supervisor que dirige a produção e as condições de trabalho são as que o dono da fábrica impõe. Obviamente, estavam criadas condições extremamente favoráveis à exploração da mão-de-obra infanto-juvenil.

Senão, vejamos: em 1816 uma comissão do Parlamento Inglês registrou carga de 15 horas diárias de trabalho para trabalhadores da indústria fabril que, na idade entre 7 e 21 anos, eram considerados aprendizes, submetidos às mesmas condições adversas de trabalho que os adultos e com vencimentos menores. Ainda em 1934, há o registro em Connecticut, Estados Unidos, do trabalho de crianças entre 2 e 16 anos, em indústria de metal pré-fabricado (Huberman, 1986, pp. 117-80).

O desconforto causado por registros como esses aumenta com a constatação de que a modernidade não aponta para uma melhoria significativa nas perspectivas de trabalho do adolescente:

> *Uno tercio de la población de los países industrializados y la mitad de la de los países en desarrollo tiene menos de veinte anõs de edad. Sin embargo, [...] es precisamente en los países donde la expansión económica es una necesidad vital donde se encuentra el mayor número de jóvenes sin trabajo ni formación. En un país de Asia, el censo reveló hace poco que el 79% de los desocupados tienen menos de veinticinco años de edad, y de ellos cerca de la mitad tiene menos de dieciocho años.* (Organización..., 1984)

Fica claro, portanto, que a problemática da utilização de adolescentes nos diversos setores produtivos não é invenção brasileira. Ao contrário, o sistema produtivo brasileiro – e portanto também o trabalho adolescente – vem sendo em grande parte influenciado por fatores internacionais, por exemplo, as tentativas de implementação das políticas públicas que visam regulamentar a proteção da criança e do adolescente, que veremos no próximo item.

Em busca da proteção integral: a visão do direito

A primeira edição do livro *Apontamentos de direito operário*, publicada no Rio de Janeiro em 1905, fazia referência às condições de trabalho naquela cidade:

> [...] onde trabalham crianças de 7 a 8 anos, junto a máquinas, na iminência aflitiva de terríveis desastres, como alguns já sucedidos. O trabalho noturno das crianças é praticado em certas fábricas – como o de mulheres – cercado de todos os inconvenientes e desmoralizações. [...] Aqui, o trabalho é exercido em condições primitivas. Se algum conforto gozam os operários

de certas fábricas – é isso devido à bondosa iniciativa de alguns patrões, que, aliás, não se empobrecem com a prática da generosidade... (Moraes Filho citado por Moraes, 1995, p. 19)

A realidade social aqui descrita, apesar de simular algum aspecto de atualidade, existia por ocasião da vigência do Decreto 1.313, de 1881, que regulamentava o trabalho das crianças e dos adolescentes nas fábricas. Dentre outras medidas, esse decreto dispunha que os menores do sexo feminino de 12 a 15 anos e os do sexo masculino de 12 a 14 anos só poderiam trabalhar, no máximo, sete horas por dia, não-consecutivas, de modo que o trabalho contínuo nunca excedesse a quatro horas. Os adolescentes do sexo masculino de 14 e 15 anos, até nove horas por dia, nas mesmas condições. Os menores aprendizes – que nas fábricas de tecidos poderiam ser admitidos desde oito anos – cumpriam uma jornada de trabalho de três horas diárias.

Alguns pesquisadores como Alvim (1994) defendem a idéia de que, no Brasil, a discussão mais profunda sobre o tema se inicia no século XX, adquirindo maior consistência nas duas primeiras décadas. É nesse período que vão surgir as primeiras tentativas de construção do menor trabalhador como figura jurídica, culminando na elaboração da parte relativa ao trabalho conforme consta do Código de Menores de 1927. O *trabalho* aparece aí em seu caráter protetor, pois pretende abrigar o menor da marginalidade, além de aumentar a renda familiar.

Outros autores (Carvalho, 1976) entendem que é a partir da Segunda Grande Guerra que o Brasil vai defrontar-se, em termos amplos, com a problemática do menor trabalhador. A partir de 1940, o fluxo crescente de jovens trabalhadores à indústria estimulou a revisão da legislação específica sobre o tema. Essa legislação objetivava conciliar aspectos díspares, como prover as necessidades de reposição de pessoal, promover a escolarização dos jovens trabalhadores e, ao mesmo tempo, definir níveis de remuneração.

O mesmo autor chama a atenção para a idéia de que existe na Consolidação das Leis do Trabalho (CLT), de 1942, uma tentativa de imposição da aprendizagem compulsória, que poderia ser interpretada como uma forma de proteger o menor trabalhador e torná-lo elite da produção (ideário liberal?). O emprego de menores parece apontar para uma preferência por adolescentes semi-alfabetizados e/ou completamente analfabetos, sem experiência de aprendizado sistemático.

Ao retomarmos o texto de Alvim (1994) mencionado anteriormente, perceberemos uma análise mais crítica dessa transferência da legislação relativa ao trabalho do menor, do Código de Menores para a CLT:

Diluído no Código de Trabalho ele [*o trabalhador adolescente*] não mais conta com uma justiça *especial* que a excepcionalidade de seu trabalho comportaria [...]. Ao ser colocado ao lado de outras categorias de trabalhadores, dentro de uma mesma legislação, sob a mesma Justiça, ele teria ficado oculto para o mundo da luta pelo cumprimento da lei, na defesa dos direitos que esta lhe garante. Ele se torna de fato, desse ponto de vista, um trabalhador menor, no sentido literal da expressão". [grifo nosso] (Alvim, 1994, pp. 121-36)

De qualquer maneira, a preocupação com o tema vai se evidenciar com as tentativas de regulamentação feitas na Constituição Federal de 1988 e, principalmente, com a publicação da Lei 8.069, de 13 de julho de 1990, mais conhecida como Estatuto da Criança e do Adolescente (ECA), em que o *Direito da criança e do adolescente à profissionalização e à proteção no trabalho* mereceu todo um capítulo.

É nesse momento que vai ficar clara a noção de que o trabalho do adolescente é percebido atualmente pelos juristas como etapa da formação pessoal do indivíduo, inclusive – mas não apenas – adequando-o técnica e/ou profissionalmente para atuar no mercado de trabalho. Em particular, estamo-nos referindo à noção de trabalho educativo, entendido como a "atividade laboral[1] em que as exigências pedagógicas relativas ao desenvolvimento pessoal e social do educando prevalecem sobre o aspecto produtivo".[2]

Os trabalhos de Oliveira (1997) e Fonseca (1997) ilustram bem nossa fala:

---

1. Ampliando um pouco nossas reflexões, ficamos a imaginar se esse entendimento do trabalho educativo como *atividade laboral* não encontra íntima relação com a discussão de Arendt (1993), sobre a diferenciação entre os conceitos de *labor do corpo* e *trabalho das mãos*.

2. Lei 8.069, de 13/7/1990, art. 68, § 1º. Segundo Costa (1997), é inclusive essa lei que concretizará, na legislação brasileira, a passagem da Doutrina Jurídica da Situação Irregular para a Doutrina da Proteção Integral.

Foi muito depois de experiências bem e malsucedidas, foi muito depois de muitas tentativas de conceituá-lo [o trabalho educativo], que o direito foi chamado para formulá-lo em termo dever-ser e o fez, pela primeira vez, de modo explícito, tratando do trabalho do adolescente no art. 68 do ECA. Neste artigo se introduziu em nossa legislação a figura do trabalho educativo... (Oliveira, 1997)

A nação brasileira [...] passou a professar, desde 1988, a teoria da proteção integral das crianças e adolescentes e, no campo do trabalho, as disposições mais relevantes que a consagram são: o art. 7° inc. XXX e XXXIII, e o art. 227, *caput* e parágr. 3°, ambos da Constituição Federal [...]

A teoria da proteção integral é a compreensão de que as normas que cuidam de crianças e adolescentes devem concebê-los como cidadãos plenos, sujeitos porém à proteção prioritária por se tratarem de pessoas em desenvolvimento físico, psicológico e moral. (Fonseca, 1997)

É importante lembrar que o trabalho adolescente – como diversas outras questões trabalhistas – é alvo de discussões internacionais, abordadas principalmente pelas normas emitidas pela Organização Internacional do Trabalho (OIT), que, de certa maneira, pressionam os países membros (inclusive o Brasil) a se posicionar em relação ao tema.[3]

Formação política: uma preocupação da educação

A reflexão sobre a evolução histórica do trabalho adolescente torna evidente o conflito existente entre as noções de *fazer* e *saber fazer*. A questão do uso da técnica e de seu aprendizado está, desde há muito tempo, atrelada a um modo de apropriação da força de trabalho do adolescente.

Se a lógica do capital estabelece o discurso no qual a adolescência marca a possibilidade de inserção do sujeito no mundo do trabalho de maneira mais efetiva (considerando inclusive a expectativa de uma melhor disponibilidade física), alguns educadores lembram que essa

---

3. Dentre as diversas Convenções e Recomendações da OIT, a discussão mais acirrada atualmente é feita em torno da Convenção 138, de 1973, que se refere à idade mínima para se admitir empregados e ainda não foi acatada na íntegra pelo Brasil.

inserção transcende a simples regulação de mercado, definindo mesmo a essência da própria existência humana.

> [...] diferentemente dos animais, que se adaptam à natureza, os homens têm que fazer o contrário: eles adaptam a natureza a si. O ato de agir sobre a natureza, adaptando-a às necessidades humanas, é o que conhecemos pelo nome de trabalho. Por isto podemos dizer que o trabalho define a essência humana. Portanto, o homem, para continuar existindo, precisa estar continuamente produzindo sua própria existência através do trabalho. (Saviani, 1994)

São portanto os autores ligados à área da educação que, remontando à Antiguidade, vêm nos falar do conceito de escola como lugar de ócio, entendido exatamente como um lugar a que teriam acesso apenas as classes ociosas, privilegiadas por não necessitarem trabalhar. Em contraposição, o processo educacional da maioria da população se efetuaria no próprio processo produtivo, ou seja, o chamado aprender fazendo.

Encontram-se na atualidade diversos estudos sobre a contradição entre os interesses das classes sociais, a questão educacional e o papel da escola, sendo claramente percebida a tendência, historicamente mantida pela sociedade burguesa, em estimular a generalização da educação escolar básica, até mesmo como uma forma de controle sobre os trabalhadores. Ou, como sugeria Adam Smith: "Instrução para os trabalhadores, porém, em doses homeopáticas".

Um interessante levantamento feito por Bonamino *et al.* (1993) explica a questão das abordagens adotadas pelos pesquisadores da área, particularmente nas últimas décadas, ao afirmar que a tradução e a divulgação de autores franceses, como Althusser, Bourdieu e Passeron, dentre outros, são requisitos fundamentais para a compreensão dos determinantes socioeconômicos e políticos da educação, além de fornecer o arcabouço teórico para os estudos sobre a relação educação/trabalho.

Ao mesmo tempo, esclarece:

> O assunto infância-juventude, a julgar pelas resenhas brasileiras registradas no recorte bibliográfico 1970-80, é objeto de estudos freqüentes, diversificados e intensos nos campos jurídico e da educação e menos registrados no campo socioantropológico. (Bonamino *et al.* 1993, p. 57)

E finalmente conclui

> [...] a recorrência de pontos de vista, análises e propostas, instaurada nas Ciências Sociais, ao mesmo tempo que não tem possibilitado avanços significativos, parece apontar para o desafio da busca da interdisciplinaridade, isto é, da valorização das articulações entre os aportes teóricos e metodológicos de diferentes áreas na produção do conhecimento. (Bonamino *et al.* 1993, p. 59)

Os diversos olhares da psicologia

Entendemos como fundamental a recomendação dos pesquisadores citados, no que diz respeito à importância da interdisciplinaridade como instrumento de compreensão das relações entre adolescência e trabalho. Ao mesmo tempo, nota-se que a questão da subjetividade do adolescente trabalhador não tem ocupado muito espaço nas cogitações dos estudiosos da área da saúde mental, particularmente dos psicólogos. Podemos tentar localizar alguns dos fatores indutores dessa situação.

É importante assumir que o conceito de adolescência ainda está associado a uma construção do saber oriunda de um modelo médico-clínico, individualista e de pouca preocupação social. Embora reconheçam a diferenciação do conceito de *puberdade* – cuja referência é inequivocamente biológica –, os estudos da psicologia sobre o adolescente têm privilegiado as relações com o corpo, com a família, com os pares, com sua própria imagem e com a escola, mas mantêm uma lacuna sobre a interação desse jovem com o sistema produtivo.

Aliás, essa não é uma prerrogativa do nosso tema: trata-se de uma discussão mais profunda, sobre as relações entre a própria psicologia e o setor produtivo, ou a construção da assim chamada psicologia do trabalho. As reflexões de Sampaio (1998) auxiliam-nos a compreender as diferentes manifestações da psicologia, evoluindo de uma atitude fundamentalmente voltada para o aumento da produtividade, para propor o estudo sobre os múltiplos significados e as configurações das relações do trabalho.

Na mesma direção apontam as considerações de Goulart (1998), quando relembra dois pressupostos que devem sustentar a psicologia do trabalho:

1. O trabalho é uma atividade humana que envolve o homem todo (suas dimensões física, psíquica e social) no seu cotidiano e exerce importante papel na própria construção da subjetividade humana.

2. A organização onde se desenvolve o trabalho constitui um fenômeno psicossocial, que pode e deve ser vista pela ótica de uma psicologia social ativa e investigativa, voltada à análise da ação social que se processa no seu interior. (Goulart, 1998, p. 13)

Estamos portanto nos defrontando com uma situação curiosa, senão paradoxal: ao mesmo tempo que se destaca a premência de um conhecimento interdisciplinar (que inclua as ciências da saúde, em geral, e a psicologia, em particular), torna-se evidente a ausência de trabalhos que abordem a questão da subjetividade do trabalho adolescente. Ou seja, a contribuição da psicologia para esse saber multidisciplinar ainda está por ser construída e, para tanto, pode e deve se valer de suas variadas expressões – seja ela a psicologia do desenvolvimento, do trabalho, social, dos grupos ou qualquer outra.

Curiosamente, será nas considerações de Le Ven (1994), um cientista político, que encontraremos um libelo de defesa de nossos argumentos:

Trata-se tanto de uma ética do trabalho como de uma psicologia do trabalho. É possível [...] fazer do trabalho [...] o espaço da palavra e um espaço público. Vemos assim como os dados da psicologia podem encontrar o que há de mais fundamental na resistência secular que é a reivindicação de ser conhecido como gente. Trata-se de fazer do trabalho um dos campos de realização humana, como o são a sexualidade e a religião. Trabalhar não é nem o Paraíso, nem o Inferno. É algo humano, campo de conflito, da liberdade e da auto-realização.

As contribuições da psicanálise

Atreladas aos diversos olhares da psicologia, vamos encontrar os conceitos trazidos dentro da teoria de Freud, considerados fundamentais inclusive para o estudo da concepção de adolescência, tema sobre o qual a bibliografia pode ser considerada extremamente ampla. Teses e artigos sobre a questão lotam prateleiras das livrarias e bibliotecas, geralmente abordando o aspecto mais óbvio do tema – a sexualidade.

O fundamento teórico de muitos desses autores é, por vezes, a literatura psicanalítica, vários deles remetendo de algum modo à resolução do conflito edipiano como a questão básica do processo adolescente. Desse modo, discute-se o movimento pulsional, as relações objetais, a revivescência do complexo de Édipo e tantos quantos sejam os conceitos necessários para explicar a construção da subjetividade adolescente unicamente com base nos mecanismos do inconsciente.

Tais abordagens são extremamente importantes, não restam dúvidas. Mas, em defesa da articulação do individual com o coletivo, da inclusão do estudo da dimensão social e, mais do que isso, da pertinência do estudo do tema *trabalho* na compreensão da idéia de adolescência – inclusive como diferenciadora das outras etapas de vida –, acreditamos poder recorrer ao próprio Freud:

> Não é possível, dentro dos limites de um levantamento sucinto, examinar adequadamente a significação do trabalho para a economia da libido. Nenhuma outra técnica para a conduta da vida prende o indivíduo tão firmemente à realidade quanto a ênfase concedida ao trabalho, pois este, pelo menos, fornece-lhe um lugar seguro numa parte da realidade, na comunidade humana. A possibilidade que essa técnica oferece de deslocar uma grande quantidade de componentes libidinais, sejam eles narcísicos, agressivos ou mesmo eróticos, para o trabalho profissional, e para os relacionamentos humanos a ele vinculados, empresta-lhe um valor que de maneira alguma está em segundo plano quanto ao de que goza como algo indispensável à preservação e justificação da existência em sociedade. (1969a, p. 37)

Descartada, portanto, a hipótese de desconsiderar a importância da inserção do sujeito no processo produtivo ao se pensar em estudar a construção da identidade adolescente. De maneira complementar, seria inviável – pelo menos em tese – propor, por exemplo, políticas ou programas de profissionalização para os adolescentes, sem atentar para o impacto dessas propostas na subjetividade dos jovens.

Lembrando que o próprio Freud, em 1921, já havia dito que

> A oposição entre a psicologia individual e a psicologia social ou psicologia das massas perde muito da sua acuidade caso a examinemos a fundo... Na vida psíquica do indivíduo tomado isoladamente o outro intervém com

muita regularidade como *modelo, objeto, apoio* e *adversário* e por isso a psicologia individual é também de improviso e simultaneamente uma psicologia social, neste sentido ampliado, mas perfeitamente justificado. (1969b)

Ou seja, estamos tentando chamar a atenção para o fato de que a escolha da atividade profissional, que constitui objetivo de grande parte dos programas de profissionalização de adolescentes, será fundamental no processo de construção da identidade desses jovens, interferindo certamente nos processos de socialização que vão suceder-se a partir de então.

Podemo-nos justificar em Freud, novamente:

A atividade profissional constitui fonte de satisfação especial, se for livremente escolhida, isto é, se por meio de sublimação, tornar possível o uso de inclinações existentes, de impulsos instintivos persistentes ou constitucionalmente reforçados. No entanto, como caminho para a felicidade, o trabalho não é altamente prezado pelos homens. Não se esforçam em relação a ele como o fazem em relação a outras possibilidades de satisfação. A grande maioria das pessoas só trabalha sob pressão da necessidade, e essa natural aversão humana ao trabalho suscita problemas sociais extremamente difíceis. (1969b, p. 37)

Dentre as diversas releituras do edifício teórico freudiano, podemos destacar os trabalhos de Enriquez (1997). Definindo seu próprio trabalho como um "encaminhamento progressivo do sentido", o autor mostra os limites de se tentar introduzir o "inconsciente no campo social" ao mesmo tempo que apresenta com sucesso as possibilidades do aproveitamento da teoria freudiana no estudo das organizações, lembrando que

A psicanálise não é por conseguinte somente a ciência da psique individual. Desde o início [...] Freud só podia pensar [...] que o inconsciente estava em atividade não somente no homem mas na própria sociedade. [...] Nos seus textos posteriores, desde *Totem e tabu* a *L'homme Moïse et la religion monothéiste*, ele fixará os elementos que presidem ao aparecimento e à transformação do vínculo social, quer este se teça na sociedade global ou nas organizações e nos grupos. (Enriquez, 1997, p. 16)

Dejours considera as possibilidades de que ocorram vivências, tanto de prazer quanto de sofrimento nas relações de trabalho, expressas por meio de sintomas específicos relacionados ao contexto socioprofissional e à própria estrutura de personalidade:

> A organização do trabalho exerce sobre o homem uma ação específica, cujo impacto é o aparelho psíquico. Em certas condições emerge um sofrimento que pode ser atribuído ao choque entre uma história individual, portadora de projetos, de esperanças e de desejos e uma organização do trabalho que os ignora. Esse sofrimento, de natureza mental, começa quando o homem, no trabalho, já não pode fazer nenhuma modificação na sua tarefa no sentido de torná-la mais conforme às suas necessidades fisiológicas e a seus desejos psicológicos. (1988)

Para Dejours, as pessoas reagem diferentemente diante das dificuldades das situações de trabalho e carregam uma história de vida pessoal única, que levam para esse mesmo trabalho. O conflito aí é inevitável: de um lado, o indivíduo e sua busca de prazer; do outro, a organização que não consegue (e talvez nem queira) abrir mão de um controle automatizado e estratificado, que lhe permite maior segurança.

Ainda que rearticulando suas idéias e proposições iniciais nas publicações mais recentes, Dejours continua acrescentando novas contribuições ao estudo do trabalho na óptica psicanalítica, inclusive abordando a questão da identidade. É o que percebemos nesse texto, no qual, discorrendo sobre o reconhecimento do trabalho, Dejours afirma:

> O reconhecimento do trabalho, ou mesmo da obra, pode depois ser reconduzido pelo sujeito ao *plano da construção de sua identidade*. E isso se traduz afetivamente por um sentimento de alívio, de prazer, às vezes de leveza d'alma ou até de elevação. O trabalho se inscreve então na dinâmica de realização do ego. A identidade constitui a armadura da saúde mental. Não há crise psicopatológica que não esteja centrada numa crise de identidade. Eis o que confere à relação para com o trabalho sua dimensão propriamente dramática. [grifo nosso] (1988, p. 34)

Embora eminentemente interessado no trabalhador adulto, esse autor inicia toda uma área de investigação que retoma as idéias da psicanálise aplicada às relações e à organização do trabalho, o que certamente vem demandando cada vez mais amplas propostas de pesquisa.

Algumas reflexões necessárias

Nesse ponto, torna-se necessário refletir um pouco sobre o nosso objeto de pesquisa, à luz do material teórico trazido. Fica evidente a existência de uma multiplicidade de visões a respeito do adolescente trabalhador, o que auxilia nosso trabalho em alguns aspectos, pois expande a percepção do tema para um espectro mais amplo; por outro lado, as considerações até então apresentadas, sob a óptica de diferentes áreas do conhecimento, ainda não traduzem a especificidade necessária para o melhor entendimento da subjetividade do adolescente trabalhador.

As ressalvas a serem feitas nesse sentido referem-se exatamente às publicações de caráter interdisciplinar, que avançam além das limitações impostas por quaisquer feudos teóricos. Um exemplo disso é o texto em que Santos (1997) apresenta as proposições dos educadores franceses Charlot e Beillerot, que fazem distinção entre os conceitos de "relação ao saber" e "relação de saber", bem como a articulação deles com a noção de subjetividade dos trabalhadores.

É da mesma autora o registro da experiência de acompanhamento de um programa de geração de trabalho envolvendo adolescentes no município de Belo Horizonte (Santos & Ferreira, 1996). Ali, o diálogo entre psicólogos, educadores, psicanalistas, assistentes sociais e os próprios adolescentes trabalhadores permite uma visão bem ampla do tema, apresentando-se mesmo como referência indispensável para nosso estudo.[4]

Trabalhamos, portanto, com a idéia de que essa *interdisciplinaridade* – necessária e fundamental ao estudo do adolescente trabalhador – pode e deve:

- ser complementada pelos estudos realizados dentro da psicologia social que, em seus diversos aspectos, tem contribuições de extrema relevância, exatamente por poder *dialogar* com as outras áreas, permutando conceitos e observações;

---

4. Apesar das semelhanças, algumas diferenças entre o trabalho mencionado e a nossa pesquisa são significativas: os adolescentes na UFMG não são considerados marginalizados nem têm trajetória de rua; a Cruz Vermelha tem finalidades e metodologias bem diversas da AMAS/BH. Finalmente, a nossa metodologia de trabalho privilegiou a entrevista em profundidade e não tanto a observação participante.

- estar presente na elaboração e implementação de programas de profissionalização de adolescentes em instituições, de maneira que enriqueça a experiência vivida por esses jovens em seus primeiros contatos com o mundo do trabalho formal.

Evidentemente, pelas limitações próprias de um trabalho acadêmico, nosso estudo aqui apresentado vai priorizar o primeiro item, apresentando o segundo como próprio de outro momento, sob outras condições de investigação, que certamente vai demandar maiores esforços.

Além disso, entendemos também como urgente a disponibilização de um canal de escuta das repercussões dessas experiências, que privilegie a voz dos próprios adolescentes trabalhadores. De certa maneira, essa é bem a essência deste trabalho, como poderá ser observado adiante.

No capítulo seguinte, buscaremos estabelecer um recorte teórico, dentro da psicologia, que possa dar sustentação a essas idéias.

2

Adolescência e identidade

Sobre a contribuição da psicologia social para a compreensão dos conceitos de adolescência e adolescentes

A psicologia social, o interacionismo e a noção de identidade

Quando nos propomos a buscar a psicologia social como área de conhecimento detentora de arcabouço teórico imprescindível para o estudo do trabalho adolescente, deparamos, desde o início, com um obstáculo: estabelecer parâmetros de pesquisa na área da psicologia social não é uma tarefa fácil. O inesgotável debate sobre a relação indivíduo *versus* sociedade, presente em nossa cultura, perpassa também a história da psicologia social, como área de conhecimento, com suas correntes de enfoque predominantemente psicológico ou sociológico, suscitando a discussão e alimentando linhas de pesquisa.

Que dizer então quando o objeto de estudo encontra-se duplamente instalado na fronteira entre a psicologia e a sociologia, definido e redefinido várias vezes e, de maneira quase paradoxal, ainda sem definição? Sim, porque tanto o conceito de *adolescente* quanto o de *trabalho* ainda estão por serem construídos, solicitando permanente revisão, inclusive e particularmente, sob a óptica da psicologia social. Na verdade, conforme veremos no decorrer do texto, a grande contribuição da psicologia social para a compreensão da temática *adolescência* e *trabalho* será dada com a busca pela formulação de um conceito de identidade.

Um marco para essa discussão poderia ser localizado na figura de Moscovici (1995) e sua teoria das representações sociais. Tendo surgido pelo desdobramento das idéias durkheimianas, Moscovici iniciará uma corrente de pensamento que sustentará diversos grupos de pesquisa na sociologia. É ele próprio que afirma:

> Desde o início, nossas teorias consideraram que, na discussão desse problema, dever-se-ia conceber a Psicologia Social como uma disciplina mista. Uma disciplina que se situasse no cruzamento das ciências psicológicas e das ciências sociais. Acontece que, depois de meio século, nós trabalhamos como se a Psicologia Social tivesse como missão acrescentar uma dimensão social aos fenômenos psicológicos. [...] Eu quero falar do enfoque que vê os fenômenos psicológicos do ponto de vista da vida social e cultural. Existe uma reciprocidade, uma relação dualista entre as duas famílias de conhecimentos científicos. Devemos tê-la sempre presente ao espírito, pois é ela que determina o caráter específico de nossa disciplina. (Moscovici, 1995, pp. 7-8)

É vinculada a essa escola que vamos encontrar, por exemplo, os estudos de Zavalloni, citada por Souza (1994), que se preocupa em defender a idéia de identidade como um pressuposto básico no estudo da psicologia social. Para ela, é possível analisar

> [...] como se articulam os dois eixos, psicológico e sociológico, que definem o indivíduo... [não sendo identidade]... senão a modalidade de organização para um determinado indivíduo das representações que ele tem dele mesmo – representação de si – e das representações dos grupos aos quais pertence. (Zavalloni citada por Souza, 1994, p. 243)

Embora recupere a discussão entre o singular e o coletivo, tocando a ferida da "dicotomia" psicológico *versus* sociológico, essa proposta teórica fica devendo uma dimensão histórica, na medida em que ignora ou desconsidera que a identidade é construída de maneira processual.

Com base nesse pressuposto, acreditamos encontrar em Mead (1982) uma referência teórica importante, senão fundamental, para a sustentação de nossas idéias. Esse autor vai defender a idéia de uma diferenciação entre os conceitos de indivíduo e pessoa, tomando como básica a noção de *consciência de si*, a qual não é concebível sem considerar a necessidade de interação social que, juntamente com outros fatores, permitiria ao indivíduo (organismo) tornar-se pessoa (ao mesmo tempo sujeito e objeto).

> *Hasta el surgimento de su conciencia de si en el proceso de la experiencia social, el individuo experimenta su cuerpo – los sentimentos y sensaciones de éste – simplemente como una parte inmediata de su medio, no como un cuerpo proprio, no en términos de conciencia de sí. La persona y la conciencia di sí tienen primeramente que surgir, y luego tales experiencias pueden ser identificadas específicamente con la persona, o apropriadas por ésta; para adquirir, por así decirlo, esta herencia de la experiencia, es preciso que la persona se desarrolle previamente dentro del proceso social en el qual está involucrada esa herencia.* (Mead, 1982, pp. 199-200)

Traduzindo:

> Até o surgimento de sua consciência de si no processo de experiência social, o indivíduo experimenta seu corpo – os sentimentos e as sensações deste – simplesmente como uma parte imediata do seu meio, não como um corpo próprio, não em termos de consciência de si. A pessoa e a consciência de si têm primeiramente que surgir, e logo tais experiências podem ser identificadas especificamente com a pessoa, ou apropriadas por esta; para adquirir, por assim dizer, esta herança de experiência, é preciso que a pessoa se desenvolva previamente dentro do *processo social* no qual está envolvida essa herança. [grifo nosso] (Mead, 1982, pp. 199-200)

Para Haguette (1987), a linha de raciocínio seguida por Mead sugere a prevalência da sociedade sobre a pessoa, "invertendo assim a ordem do título de sua principal obra: *Espiritu, persona y sociedad*". Na verdade, o título dessa obra – publicação póstuma editada com base em notas de suas aulas – resume o edifício teórico de Mead, assentado sobre três pilares fundamentais:

- a **mente** (*espiritu*), que seria a presença de símbolos significantes na conduta e tem como característica a inteligência reflexiva do ser humano;
- o *self* (*persona*), que representa um processo social introjetado pelo indivíduo e envolve duas situações ou fases: o **eu** (aspecto inicial, espontâneo, desorganizado e impulsivo da

experiência humana) e o **mim** (o "outro" incorporado ao indivíduo, o conjunto organizado de atitudes, definições, compreensões, sentidos comuns ao grupo);

- a **sociedade** (*sociedad*), que representa o contexto no qual o *self* surge e se desenvolve, estando intimamente relacionada com a formação da mente e do *self*.

Germani (1982), na apresentação da edição espanhola, sugere que a obra de Mead concentra-se em três pontos principais:

> *Cualquiera sea la importancia de las otras contribuiciones de Mead – en particular su teoría del símbolo –, desde el punto de vista que nos ocupa su aporte esencial puede concretarse en estos tres puntos: a) historicidad del "individuo" como autoconciencia [...]; b) formulación de una hipótesis naturalista acerca del desarollo del individuo autoconsciente a partir de la matriz de las relaciones sociales; c) función esencial que en la formación del yo se asigna a la "adoción de papeles" y a la internalización de lo sociocultural.* (Germani , 1982, p. 14)

Traduzindo:

> Qualquer que seja a importância das outras contribuições de Mead – em particular sua teoria do símbolo –, do nosso ponto de vista sua contribuição principal concentra-se em três pontos: a) a historicidade do "indivíduo" como autoconsciência [...]; b) a formulação de uma hipótese naturalista sobre o desenvolvimento do indivíduo autoconsciente a partir da matriz das relações sociais; c) a função essencial que a "adoção de papéis" exerce na formação do eu. (Germani, 1982, p. 14)

Em que pese toda a importância atribuída por Mead a questões como o desenvolvimento de símbolos significantes e o processo de comportamento da mente no estudo da identidade *adolescente trabalhador,* o aspecto de sua teoria que mais nos interessa é a defesa da preexistência de uma vida social marcando a formação da consciência de si. Nesse sentido, Mead acrescenta um aspecto fundamental para o tema, que é a prevalência da historicidade na formação da identidade.

O refinamento das idéias de Mead, conhecido como interacionismo simbólico, será feito, entre outros, por Berger & Luckmann (1976), que vão ampliar a compreensão dos mecanismos de construção da identidade, explicitando a noção de processo, uma vez que a identidade, para eles, seria construída pela interiorização que a criatura faria dos papéis, das atitudes e dos valores das pessoas encarregadas de sua socialização – o que eles vão chamar de *outros significativos*.[1] Uma condição básica para que essa interiorização aconteça é a *identificação* da criança com os outros significativos, o que acontece em um contexto em geral fortemente marcado por representações afetivas, ou seja:

> Por meio dessa identificação com os outros significativos a criança torna-se capaz de se identificar a si mesma, de adquirir uma identidade coerente e plausível. Em outras palavras, a personalidade é uma entidade reflexa que retrata as atitudes somadas pela primeira vez pelos outros significativos com relação ao indivíduo, que se torna o que é pela ação dos outros para ele significativos. Esse processo não é unilateral nem mecanicista. Implica dialética entre a identificação pelos outros e a auto-identificação, entre a identidade objetivamente atribuída e a identidade subjetivamente apropriada. (Berger & Luckmann, 1976, p. 177)

Para eles, portanto, a mediação com a sociedade vai definir a construção da identidade, uma vez que:

> [...] a apropriação subjetiva da identidade e a apropriação do mundo social são apenas aspectos diferentes do mesmo processo de interiorização, mediatizado pelos mesmos outros significativos. (Berger & Luckmann, 1976, p. 178)

Explicando um pouco mais a inserção do indivíduo no contexto social, os autores vão destacar a importância de alguns elementos vividos no período da infância, elaborando um conceito de *socialização* extremamente importante:

> O processo ontogenético pelo qual isso se realiza é a socialização, que pode assim ser definida como a ampla e consistente introdução de um indivíduo no mundo objetivo de uma sociedade ou de um setor dela. A socialização

---

1. Haguette (1987, p. 30) faz referência à importância da noção de *outros significativos* para atenuar as limitações da teoria de Mead.

primária é a primeira socialização que o indivíduo experimenta na infância e em virtude da qual se torna membro da sociedade. (Berger & Luckmann, 1976, p. 175)

Esse deslocamento do conceito de identidade para uma noção de *identificação* servirá de substrato para a retomada do conceito de *outro generalizado*, apresentado anteriormente por Mead (1982):

A socialização primária cria na consciência da criança uma abstração progressiva de papéis e atitudes dos outros particulares para os papéis e atitudes em geral [...]. Essa abstração dos papéis e atitudes dos outros significativos concretos é chamada o *outro generalizado*. Sua formação na consciência significa que o indivíduo identifica-se agora não somente com os outros concretos, mas com uma generalidade de outros, isto é, uma sociedade. Somente em virtude dessa identificação generalizada sua identificação consigo mesmo alcança estabilidade e continuidade. O indivíduo tem agora não somente uma identidade em face desse ou daquele outro significativo, mas uma identidade em geral subjetivamente apreendida como constante, não importando que outros, significativos ou não, sejam encontrados. (Berger & Luckmann, 1976, p. 178)

É fundamental ainda lembrar que, para Berger & Luckmann (1976, p. 176), todo esse processo de identificação da criança com o mundo dos seus *outros significativos* será mediado tanto pelo lugar que esses mesmos *outros significativos* ocupam na estrutura social quanto pelas "idiossincrasias individuais decorrentes da biografia de cada um".

Seria correto, partindo desse princípio, imaginar que a criança iria absorver a realidade externa por uma perspectiva de classe dos seus *outros significativos*, da mesma forma que absorve essa percepção com a coloração particular que lhe é dada pelos seus pais (ou quaisquer outros indivíduos encarregados de sua socialização primária).

A proposta do interacionismo de Berger & Luckmann (1976), no que diz respeito à construção da identidade, vai propor outro conceito importante, o de *socialização secundária*, que poderia ser entendido como:

[...] qualquer processo subseqüente (à socialização primária) que introduz um indivíduo já socializado em novos setores do mundo objetivo de sua sociedade. (Berger & Luckmann, 1976, p. 176)

E que consiste na interiorização de submundos institucionais ou baseados em instituições. A extensão e o caráter destes são [...] determinados pela complexidade da divisão do trabalho e a concomitante divisão social do conhecimento. (Berger & Luckmann, 1976, p. 185)

Um dos aspectos mais importantes decorrentes daí é a compreensão que os autores vão apresentar de que as interiorizações ocorridas na infância – em função de sua carga afetiva e do seu caráter de verdade absoluta – dificilmente serão transformáveis nesse processo de socialização secundária. Fica pressuposto certo determinismo dessa primeira socialização em relação a qualquer outro processo subseqüente, inclusive a profissionalização.

O desdobramento desses processos vai implicar a tipificação dos desempenhos sociais, com os quais os atores se identificarão, total ou parcialmente, ou seja, assumirão determinados papéis:

Ao desempenhar papéis o indivíduo participa de um mundo social. Ao interiorizar esses papéis, o mesmo mundo torna-se subjetivamente real para ele. (Berger & Luckmann, 1976, p. 103)

E um pouco mais adiante:

Quando os indivíduos começam a refletir sobre estes assuntos enfrentam o problema de reunir as várias representações em um todo coerente que tenha sentido. (Berger & Luckmann, 1976, p. 105)

Podemos dizer então que, de acordo com esse modelo teórico, será necessário que a pessoa desenvolva uma imagem ou representação de si própria na qual seja possível – tanto para ela própria quanto para outro – fazer certo *reconhecimento* dessa *identidade*, ao longo de uma série de diferentes situações e de determinada linha temporal.

Vamos encontrar uma ampliação desse entendimento em autores como Ciampa (1985). Ao sugerir a noção de *metamorfose*, o pesquisador enfatiza a percepção de construção da identidade como um processo que conta com a possibilidade de ser continuamente reorientado, conforme podemos perceber neste trecho:

[...] só posso comparecer no mundo frente a outrem efetivamente como representante do meu ser real quando ocorrer uma negação da negação, entendida como deixar de presentificar uma apresentação de mim que foi cristalizada em momentos anteriores – deixar de repor uma identidade pressuposta – ser movimento, ser processo, ou, para utilizar uma palavra mais sugestiva se bem que polêmica, *ser metamorfose*. (Ciampa, 1985, p. 70)

Ou um pouco mais adiante:

O problema consiste em que não é possível dissociar o estudo da identidade do indivíduo do da sociedade. As possibilidades de diferentes configurações da identidade estão relacionadas com as diferentes configurações da ordem social. [...] Genericamente falando, a questão da identidade se coloca de maneira diferente em diferentes sociedades (pré-capitalistas, capitalistas, pós-capitalistas etc.); [...]

Esse problema, assim formulado, sugere um amplo programa de pesquisas empíricas que, certamente, mostrariam como pano de fundo o verdadeiro problema de identidade do homem moderno: a cisão entre o indivíduo e a sociedade... (Ciampa, 1985, pp. 72-3)

Essa proposta de Ciampa – "um amplo programa de pesquisas empíricas", que evidencie a discussão indivíduo *versus* sociedade – contribui para fortalecer o piso teórico sobre o qual acreditamos poder alicerçar nossas questões, particularmente em um dos autores citados pelo próprio Ciampa (1985) ao final de seu artigo *Identidade*.

Estamo-nos referindo ao trabalho de Erikson (1971; 1976), que, partindo de uma base inicialmente psicanalítica, avança até a construção de um modelo que considere a variável *sociedade* de uma maneira mais clara e ampla no que diz respeito à construção da identidade adolescente.

O modelo eriksoniano

Nosso trabalho utiliza a teoria de Erikson (1971, 1976), que propõe um modelo de desenvolvimento psicossocial em etapas – ou idades – abordando, da infância à adolescência e da vida adulta à velhice, cada uma dessas etapas trazendo em si mesma um conflito dialético e as possibilidades de sua superação.

É o que ele nos sugere, por exemplo, ao afirmar:

Entre as indispensáveis coordenadas da identidade está o ciclo vital, pois partimos do princípio de que só com a adolescência o indivíduo desenvolve os requisitos preliminares de crescimento fisiológico, amadurecimento mental e responsabilidade social para experimentar e atravessar a crise de identidade. De fato, podemos falar da crise de identidade como o aspecto psicossocial do processo adolescente. Nem essa fase poderia terminar sem que a identidade tivesse encontrado uma forma que determinará, decisivamente, a vida ulterior. (Erikson, 1976, p. 90)

Embora tivesse *a priori* uma preocupação com o trabalho eminentemente clínico, Erikson (1976) vai reiteradamente chamar nossa atenção para a dissociação impossível das diferentes dimensões de estudo da identidade adolescente:

E, finalmente, ao discutir-se identidade, como agora a vemos, não podemos separar o desenvolvimento pessoal e a transformação comunitária, assim como *não podemos separar [...] a crise da identidade na vida individual e a crise contemporânea no desenvolvimento histórico*, porque ambas ajudam a definir uma à outra e estão verdadeiramente relacionadas entre si. De fato, toda a interação entre o psicológico e o social, entre o desenvolvimento e a história, para a qual a formação da identidade é de um significado prototípico, só pode ser conceptualizada como uma espécie de *relatividade psicossocial*. [grifo nosso] (Erikson, 1976, p. 22)

Dentro da teoria eriksoniana, o conflito básico da adolescência seria *identidade* x *confusão de papéis*. Nas suas próprias palavras:

Crescendo e desenvolvendo-se, os jovens arrostam essa revolução fisiológica interior e, com as concretas tarefas adultas à sua frente, preocupam-se agora principalmente com o que aparentam aos olhos dos outros comparado com o que sentem que são, e com a questão de como associar os papéis e as habilidades anteriormente cultivadas com os protótipos ocupacionais do momento. (Erikson, 1971, p. 240)

Além disso, Erikson (1971, p. 242) propõe o conceito de *moratória*, fundamental para o estudo da ação adolescente. Para ele, a moratória seria uma etapa psicossocial entre a infância e a idade adulta, entre a moral aprendida pela criança e a ética a ser desenvolvida no adulto.

Particularmente para o nosso trabalho, importa considerar que essa etapa é tratada de maneira diferenciada por diversas culturas e sociedades, como já pudemos perceber de alguma maneira pelos estudos históricos apresentados no Capítulo 1.

Nesta pesquisa, partimos do pressuposto de que a inserção no mundo do trabalho em uma instituição permitirá ao adolescente experimentar uma proposta de socialização definida por uma série de valores e representações compartilhados pela instituição, pela sociedade e pelos trabalhadores; ao mesmo tempo, atravessada por ideologias e "pré-conceitos" trazidos pelo adolescente de seus processos de socialização anteriores (família e escola, principalmente).

Todo esse conjunto é de suma importância para a percepção do adolescente a respeito de si próprio, como nos lembra Erikson:

> É uma mente ideológica e, de fato, é a visão ideológica de uma sociedade a que afeta mais claramente o adolescente, ansioso por se afirmar perante seus iguais e que está preparado para se ver confirmado pelos rituais, credos e outros símbolos que definem ao mesmo tempo o que é mau, fantástico e hostil.[2] (1976, p. 130)

E um pouco adiante:

> [...] é de grande importância para a formação da identidade do indivíduo jovem que lhe respondam e lhe confiram *status* e função como uma pessoa cujo crescimento e transformação graduais fazem sentido para aqueles que começaram fazendo sentido para ele. (Erikson, 1976, p. 156)

Fica bem evidente, portanto, a atenção que Erikson concede aos aspectos psicossociais na formação da identidade adolescente, o que tem feito com que ele seja permanentemente revisitado pelos pesquisadores interessados no tema.[3]

---

2. Aqui Erikson teoriza o que podemos perceber com bastante freqüência, que é o extremo apego dos adolescentes aos ritos e credos, chegando muitas vezes a formar suas próprias "tribos" e grupos, inclusive dentro das próprias organizações às quais estão vinculados como trabalhadores.

3. Não consideramos razoável a opinião que classifica Erikson como um autor defasado ou anacrônico. Suas obras continuam ainda sendo citadas por autores que enfocam as questões ligadas à adolescência e identidade em seus mais diversos aspectos, por exemplo, a violência (Loures, 1999), a *adultescência* (Castoriadis, 1998) e os estudos de gênero (Piza, 1998; Afonso, 1997).

Partindo desse referencial, é legítimo afirmar que a identidade adolescente – como qualquer outra – é determinada por suas condições histórico-sociais, ao mesmo tempo que, dialeticamente, influencia essas mesmas condições. Isso posto, somos levados a pensar que a questão do trabalho, analisada por uma óptica mais ampla (a qual considere não somente seus aspectos econômicos e políticos, mas também sociais e psíquicos), será fundamental para a compreensão do processo de construção da identidade do adolescente trabalhador.

Adolescência e adolescentes

Um dos maiores questionamentos feitos às propostas de adoção de um modelo de desenvolvimento humano como o elaborado por Erikson (1976) é o caráter universalista de tais proposições. Seria possível generalizar esse modelo para todas as classes sociais? Aspectos como etnia, classe social ou gênero não definiriam critérios de análise mais adequados?

Primeiro, cabe lembrar que as propostas eriksonianas estão em grande parte assentadas no edifício teórico da psicanálise, que também propõe um modo de compreensão do ser humano que extrapola os limites das barreiras de classe social ou raça.

Além disso, o próprio Erikson reconhece os limites da psicanálise e sugere a busca de outras áreas do conhecimento para auxiliar no atendimento a essa demanda:

> Portanto, uma prévia condição metodológica para compreendermos a identidade seria uma Psicanálise suficientemente sofisticada de modo a incluir o meio; a outra seria uma Psicologia Social que fosse psicanaliticamente sofisticada; reunidas, elas instituiriam, obviamente, um novo campo que teria de criar a sua própria sofisticação histórica. (1976, p. 23)

Essa preocupação fica demonstrada no trabalho que o próprio Erikson (1971) realiza com duas tribos índias norte-americanas, recorrendo à antropologia para tentar enriquecer suas propostas de investigação científica.[4]

---

4. Erikson trabalhou com as tribos dos índios *sioux* e *yurok,* ambas norte-americanas, acompanhando os antropólogos Scudder Mekeel e Alfred Kroeber, durante os anos de 1930 e 1940.

Além disso, podemos observar em algumas das proposições de Erikson aspectos de extrema pertinência e atualidade, como as referências feitas à possibilidade de acesso (ou não) a diferentes canais de expressão relacionadas ao avanço tecnológico experimentado pela sociedade moderna e suas possíveis conseqüências:

> A adolescência, portanto, é menos "tempestuosa" naquele segmento da juventude talentosa e bem treinada na exploração das tendências tecnológicas em expansão e apta, por conseguinte, a identificar-se com os novos papéis de competência e invenção... (1976, p. 130)

Se recorrermos a Eisenstadt, citado por Afonso (1997), veremos que a idade é um critério utilizado para organizar relações sociais em diversos grupos e que, "não obstante a inexistência de um conceito comum de adolescência, nas diferentes culturas, podemos falar de 'grupos de jovens' em várias culturas". E lembra que nas sociedades modernas

> [...] pessoas mais jovens usualmente começam uma nova busca por identidade e, em uma ou outra fase, essa busca é expressa em termos de um conflito ideológico com a geração mais velha como tal, de identificação ideológica da juventude, de determinação das pessoas jovens como uma categoria cultural distinta. Torna-se importante enfatizar que a transição de um "*setting*" particularista para um universalista dá lugar à emergência de uma ideologia específica de identificação da "juventude" ou "idade". A extensão na qual tal identificação forma uma base para grupos sociais coesos é variável, mas em alguma medida ela sempre forma essa base. (Afonso, 1997, p. 40)

Outras considerações trazidas por Eisenstadt citado por Afonso (1997) que poderíamos resumidamente aproveitar:

- o florescimento de diversas agências e grupos dirigidos à juventude, em nossa sociedade, acompanha o desenvolvimento de uma divisão do trabalho universalista e orientada pelo desempenho e pela especialização;
- os efeitos das transformações da sociedade não são iguais para os grupos de adolescentes nos diferentes setores da sociedade moderna, e deve-se ponderar que os mais importantes índices de orientação para especialização e desempenho são a nature-

za e o âmbito de escolha ocupacional dentro de dado setor social, e sua relação com o sistema geral de valores da sociedade e desse mesmo setor;

- o conhecimento e as habilidades especializadas de um grupo são essenciais à sua capacidade de escolha, com base nas opções que lhe são oferecidas pela sociedade, assim também o valor que esse grupo deposita na aquisição de bens simbólicos. Isso interfere na educação formal bem como na dependência dos jovens diante dos adultos até que se iniciem em uma ocupação;
- nas sociedades modernas, a juventude é segregada às atividades preparatórias dos papéis e das ocupações que irão assumir.

Finalmente, acreditamos poder aproveitar a conceituação proposta por Afonso (1997):

- *adolescência*: fase psicossocial, resultado de um desenvolvimento integral do sujeito;
- *adolescentes*: categoria social, percebida diferentemente pelos diversos grupos sociais e com possibilidades múltiplas de estabelecer relações sociais.

Compartilhamos dessa compreensão dos adolescentes como categoria social e entendemos que, conforme oferecemos a eles um canal de *escuta*, poderemos tentar identificar em que medida sua inclusão no mundo do trabalho influencia na sua aquisição de bens simbólicos e, conseqüentemente, na construção de sua identidade.

Ressurgem para nossa reflexão os objetivos de nossa pesquisa, agora amadurecidos pelos aspectos teóricos mencionados: a partir do momento em que esses adolescentes assumem seus *papéis profissionais*, teria havido uma superação das identidades inicialmente atribuídas? A organização do trabalho, as relações de trabalho, as relações afetivas participam dessa reformulação de identidade? Têm esses adolescentes consciência de si mesmos como trabalhadores insertos em um modo de produção mais amplo? Quais as suas maneiras de lidar com esses processos e reagir diante deles?

Temos portanto reapresentadas nossas perguntas anteriores, para as quais acreditamos só ser possível obter algum tipo de resposta após a *escuta* – possível e necessária – do discurso dos adolescentes trabalhadores.

3

Metodologia

Considerações iniciais

Perceber as diversas manifestações dos adolescentes perante sua inserção no mundo do trabalho formal certamente não seria possível se não optássemos por um caminho metodológico que percorresse diferentes dimensões de análise, amplas o bastante para acolher alguns aspectos fundamentais:

- a escolha dos instrumentos, das técnicas e dos procedimentos de pesquisa deveria levar em conta os pressupostos teóricos adotados, ou seja, não seria possível estudar o sujeito desvinculado de seu contexto social e de sua história;
- esse trajeto, em paralelo às preocupações anteriormente descritas, necessariamente deveria viabilizar a apreensão do objeto de estudo proposto: o processo de construção da identidade dos sujeitos pesquisados.

Caso negligenciássemos a preocupação expressa na primeira situação, correríamos o risco de obter uma pesquisa eminentemente empírica, lembrando o conceito de empiricismo conforme Thiollent (1987): a explicação dos fatos baseados em si mesmos, sem a mediação da teoria; ou ainda a adoção de um enfoque positivista, que acaba sugerindo uma *naturalização* dos fatos sociais.

É importante considerar que, em diversos momentos históricos, tal posição levou à utilização, no campo das ciências sociais e humanas, dos mesmos instrumentos das ciências da natureza, com o objetivo de evitar o risco representado pelo *idealismo* ou pela não-neutralidade, ou ambos. Citando Haguette:

> [O] *empirismo* [...] pretende condicionar o conhecimento à aproximação direta com o real mediante regras rígidas que limitariam as tentativas metafísicas de explicação da realidade. (1987, p. 11)

Recuperando nosso embasamento teórico, não podemos esquecer que os fatos sociais são produzidos histórico-socialmente; não são fatos iguais aos da natureza e certamente requerem outro método de estudo e análise que assuma a sua não-*naturalização*.

Ainda assim, mesmo tendo em mente tais preocupações, poderíamos vir a desenvolver uma pesquisa que, embora situando o sujeito histórica e socialmente, não nos permitisse apreender o objeto de estudo proposto: a construção da identidade do adolescente trabalhador. Tal objeto, pela sua própria especificidade, exigiria de qualquer pesquisador uma atenção especial para os aspectos singulares, para a singularidade dos sujeitos no contexto em que estão situados.

Acreditamos encontrar na perspectiva interacionista uma solução para minimizar tais riscos, no que se refere à noção de identidade tal como considerada na linha teórica proposta, ou seja, identidade como totalidade.

Um dos autores que certamente pode oferecer melhor contribuição nesse sentido é Mauss:

> No fundo, corpo, alma, sociedade, tudo se mistura. Os fatos que nos interessam não são fatos especiais de tal ou qual parte da mentalidade; são fatos de uma ordem muito complexa, a mais complexa que se possa imaginar. São aqueles para os quais proponho a denominação de *totalidade*, em que não apenas o grupo toma parte, como ainda, pelo grupo, todas as personalidades, todos os indivíduos na sua integridade moral, social, mental e, sobretudo, corporal ou material. O estudo desses fenômenos complexos, porém, requer [...] um certo avanço.[1] (1974, p. 198)

---

1. Embora alguns autores como Thiollent (1987) o classifiquem como um "objetivista", colocando-o lado a lado com Durkheim, acreditamos que Mauss está muito mais preocupado em mostrar os limites de cada área do conhecimento isoladamente do que propriamente em "explicar o social pelo social".

A partir desse ponto acreditamos ser possível compreender a noção de identidade como processo de construção, cujas diferentes possibilidades são dadas segundo condições sociais e históricas (Erikson, 1976; Mead, 1982).

A delimitação do método e a escolha da técnica

Embasados nessas preocupações, fizemos a opção pela pesquisa qualitativa, encontrando respaldo nas considerações de Haguette sobre esse método que

> [...] fornece uma compreensão profunda de certos fenômenos sociais apoiados no pressuposto da maior relevância do aspecto subjetivo da ação social face à configuração das estruturas societais. (1987, p. 55)

Na abordagem qualitativa, buscamos uma aproximação com a técnica de observação participante, por entendê-la como possuidora de alguns aspectos relevantes para nossa pesquisa, partindo do conceito de Cicourel citado por Haguette (1987, p. 62):

> [...] definimos a observação participante como um processo no qual a presença do observador numa situação social é mantida para fins de investigação científica. O observador está em relação face a face com os observados, e, em participando com eles em seu ambiente natural de vida, coleta dados. Logo, o observador é parte do contexto, sendo observado, no qual ele ao mesmo tempo modifica e é modificado por este contexto. O papel do observador participante pode ser tanto formal como informal, encoberto ou revelado, o observador pode dispensar muito ou pouco tempo na situação da pesquisa; o papel do observador participante pode ser uma parte integral da estrutura social ou ser simplesmente periférica com relação a ela.[2] (1987, p. 62)

---

2. A flexibilidade sugerida por Schwartz & Schwartz (1969), citado por Haguette (1987), ao destacar o observador como *modificador do contexto* permite considerar alguma afinidade entre essa e outras formas de pesquisa, como a pesquisa-ação e a pesquisa participante.

Ressaltando o fato de não nos situarmos no "ambiente natural de vida" dos entrevistados, permitimo-nos considerar o ambiente de trabalho como representativo para os sujeitos da pesquisa. Por certo, não conferimos ao trabalho nenhum atributo "natural", mas provavelmente carregado de representações significativas para o entrevistado.

É importante destacar também a concepção da observação participante não somente como uma simples técnica de coleta de dados, mas tendo uma íntima vinculação com a teoria que direciona a própria prática dessa técnica. Recorrendo mais uma vez a Haguette, encontramos:

> Esta concepção [a observação participante] envolve também o pressuposto de que a sociedade é construída a partir do processo interativo de indivíduos e grupos que agem em função dos sentidos que o seu mundo circundante representa para eles. (1987, p. 65)

Dentre as diferentes técnicas relacionadas ao modelo da observação participante,[3] julgamos ter encontrado na entrevista em profundidade – predominantemente não-diretiva – uma técnica mais eficiente, em especial na medida em que aceitamos as suas limitações e exploramos suas possibilidades.[4] Importa esclarecer que utilizamos aqui a noção de entrevista proposta por Haguette que a define como

> [...] um processo de interação social entre duas pessoas na qual uma delas, o entrevistador, tem por objetivo a obtenção de informações por parte do outro, o entrevistado. (1987)

---

3. Embora sejam usualmente considerados dois tipos diferenciados de técnicas de pesquisa – e o são de fato –, imaginamos encontrar certo encadeamento entre a observação participante e a entrevista, uma vez que os entrevistados foram acompanhados por nós mesmos durante algum tempo em seu trabalho profissional.

4. Haguette (1987) menciona pelo menos cinco fatores que podem interferir na qualidade dos dados do informante: a) *motivos ulteriores* (conseqüências de seu depoimento); b) *quebra da espontaneidade* (presença de outras pessoas ou inibições ocasionadas pelo próprio entrevistador, como sexo, cor ou raça); c) *desejo de agradar* ao entrevistador; d) *fatores idiossincráticos* (fatos ocorridos entre as entrevistas); e) *conhecimento* sobre o assunto da entrevista e habilidade de relato.

Considerando nosso interesse em tentar obter elementos tanto da ordem subjetiva do adolescente trabalhador quanto do contexto social, apoiamo-nos nas idéias de Michelat, citado por Thiollent:

> Considera-se que a entrevista não-diretiva permite, melhor do que outros métodos, a emergência deste conteúdo socioafetivo profundo, facilitando ao entrevistado o acesso às informações que não podem ser atingidas diretamente. Mas essas observações podem ser aplicadas tanto a entrevistas cujo objetivo é a análise psicológica do indivíduo, quanto a entrevistas [...] que são destinadas à análise dos fenômenos sociais. (1987, p. 194)

Nessa pesquisa, imaginávamos que com o relato desses adolescentes trabalhadores, mediado pela nossa atenção flutuante, poderíamos acompanhar a trajetória que esses sujeitos foram percorrendo no contexto do trabalho formal. Esperávamos também poder avaliar a possível reformulação de suas representações e papéis, suas relações com seus grupos, sua classe social, com a atividade desenvolvida por eles mesmos e, finalmente, com as possibilidades de reconstrução de projetos de vida que extrapolassem – ou não – as condições ofertadas por essa experiência dita profissionalizante.

O objeto empírico da pesquisa

O contexto institucional

Os adolescentes entrevistados participaram do programa de profissionalização desenvolvido pela Cruz Vermelha/Seção Minas Gerais, chamado Programa Ação Jovem. A proposta é inserir adolescentes provenientes de famílias de baixa renda em instituições, a maioria delas de grande porte, visando oferecer a esses jovens uma oportunidade de formação profissional.

O Programa de Assistência ao Menor Ação Jovem é uma iniciativa da Cruz Vermelha Brasileira, entidade filantrópica reconhecida em nível internacional por serviços assistenciais e preventivos desde a sua fundação, em 1864. O objetivo geral do Programa é "empregar o menor carente e orientá-lo na sua formação profissional, educacional, familiar, comunitária, na saúde e no lazer" (Universidade Federal... 1995, p. 14).

Como objetivos específicos poderíamos mencionar:

- possibilitar ao menor um emprego;
- criar condições ao menor de tomar parte na sociedade por meio de sua inserção no mercado de trabalho, levando-o à consciência de grupo, de relacionamento e de participação;
- fomentar a participação do menor no convívio familiar;
- contribuir eficazmente para evitar a marginalização do menor, oferecendo emprego e acompanhamento durante a vigência do contrato de trabalho;
- preparar o menor para sua maioridade responsável e, na medida do possível, facilitar sua continuidade no emprego;
- assistir periodicamente ou quando necessário diariamente o menor em seu emprego, esclarecendo suas dificuldades tanto referentes ao trabalho quanto ao relacionamento entre os colegas e a empresa empregadora.

O Programa Ação Jovem teve início em 1974, quando a Cruz Vermelha Brasileira/Seção Minas Gerais tinha por gestores alguns professores da UFMG. As necessidades de atender a demandas organizacionais da Faculdade de Medicina da UFMG levaram à proposta de adaptação dos *guardas mirins* (como eram até então contratados os adolescentes) para um novo regime de trabalho, que prevalece até hoje.

É válido considerar, portanto, que ao firmar o convênio com a Cruz Vermelha – que vigora desde 1974 – a UFMG acatou (total ou parcialmente, direta ou indiretamente) aqueles objetivos. Entretanto, somente a partir de 1994 (portanto 20 anos depois de implementado o convênio) a coordenação do programa foi centralizada na Divisão de Recursos Humanos/Departamento de Pessoal da Pró-Reitoria de Administração da UFMG, demonstrando então uma preocupação mais efetiva com a situação real do Programa.

Atualmente, deve-se considerar que existem esforços significativos dentro da UFMG para oferecer melhores condições de trabalho aos adolescentes. O processo de seleção, encaminhamento, acompanhamento e desligamento do trabalhador adolescente é feito por uma equipe de profissionais da área de recursos humanos, cujo trabalho sofre as contínuas oscilações próprias das mudanças de gestores na Universidade.

ADOLESCÊNCIA E TRABALHO

Alguns aspectos importantes a serem destacados em relação à UFMG, instituição na qual os adolescentes desenvolvem suas atividades:

- trata-se de empresa pública, ligada ao setor terciário da economia;
- o quadro de funcionários administrativos tem diminuído progressivamente nos últimos anos, devido à política de redução de gastos com pessoal do governo federal;[5]
- o regime de trabalho da maioria dos funcionários administrativos é estatutário, coexistindo com mão-de-obra terceirizada, cujo número de contratações vem aumentando para suprir a demanda de pessoal;
- não existe ainda uma política de recursos humanos bem definida na instituição para os trabalhadores que atuam nas áreas técnica e administrativa, que são as mais próximas do trabalho dos adolescentes;
- a instituição vive, há algum tempo, a expectativa de implementação da chamada "Autonomia Universitária", que traria desdobramentos significativos em todos os níveis, inclusive na organização do trabalho.[6]

Os sujeitos da pesquisa

Os adolescentes são contratados pela Cruz Vermelha Brasileira (CV), mediante solicitação encaminhada pela própria UFMG. São jovens entre 16 e 17 anos,[7] normalmente já cadastrados na própria CV, em período previamente definido para recebimento de inscrições.[8]

---

5. A operacionalização dessa política tem-se caracterizado pela adoção de um conjunto de medidas, dentre as quais podemos destacar: proibição de contratação de novos funcionários, programas de demissão voluntária e de redução de jornada de trabalho.

6. Para mais detalhes sobre as condições e a organização do trabalho na Universidade Federal de Minas Gerais, ver Valle & Vieira (1999).

7. A idade mínima para ingresso no mercado de trabalho formal era 14 anos até dezembro de 1998. Por ocasião da edição da Emenda Constitucional nº 20, de 15/12/1998, a idade mínima foi alterada para 16 anos. Como todos os entrevistados foram contratados antes da edição dessa lei, deve-se considerar que ingressaram no mundo do trabalho entre 14 e 16 anos de idade.

8. É interessante observar que a própria CV reconhece, informalmente, um aumento significativo na procura pelo programa. Além disso, a CV também aceita que a empresa contratante indique candidatos, explicitando que realizará sindicância para verificar se o indicado se enquadra nas condições previstas pelo programa.

Após entrevista com profissionais responsáveis pelo acompanhamento do trabalho na instituição, os adolescentes são encaminhados ao setor que apresentou a demanda, para entrada em exercício. Atualmente, não lhes é oferecido nenhum tipo de curso introdutório na instituição, sendo o treinamento realizado de maneira informal no próprio posto de trabalho.

Os adolescentes recebem vale-transporte e subsídio para alimentação nos restaurantes da Universidade.[9] Seu contrato de trabalho é regido pela Consolidação das Leis do Trabalho (CLT) e eles possuem todos os direitos trabalhistas até o seu desligamento do programa, ao completarem 18 anos.

Para fins dessa pesquisa, utilizamos como critério de escolha dos sujeitos o fato de não estarem mais vinculados ao programa, por já terem completado 18 anos. Também trabalhamos com o critério de que os entrevistados não poderiam ter-se desligado há mais de cinco anos, por buscarmos privilegiar o registro mais imediato que imaginamos que esses indivíduos teriam, na medida em que consideramos um intervalo menor de tempo do seu desligamento.[10]

Buscando maior coerência com a "observação participante", passamos a escolher nossos sujeitos de pesquisa entre aqueles que atendiam aos critérios já mencionados. Utilizamos também o conhecimento prévio que já possuíamos dos sujeitos, obtido no desenvolvimento de nossa atividade profissional dentro da instituição.

Dessa maneira, coerentemente com a delimitação teórica proposta, renunciamos ao critério da "representatividade estatística". Assumimos assim a estratégia de privilegiar uma amostra intencional, constituída por dez ex-trabalhadores da Cruz Vermelha.

Finalmente, cuidou-se para que os entrevistados representassem um espectro mais amplo dos grupos sociais representados nesse programa de profissionalização. Assim, foram escolhidos homens, mulheres, negros e brancos. Alguns conseguiram emprego após o desligamento do programa, outros estavam desempregados.

Além disso, acreditamos que com esse público teríamos melhores condições de ampliar a investigação a ponto de permitir futuros traba-

---

9. Os servidores do quadro efetivo da UFMG recebem auxílio-alimentação, em espécie.
10. Nesse ponto, percebemos que a proximidade das técnicas utilizadas em metodologia qualitativa pode nos beneficiar: de certa maneira, ao impormos esse recorte temporal, apelamos para a história oral, lançando mão da memória dos entrevistados.

lhos que possam verificar a superação – ou não – da(s) identidade(s) atribuída(s): continuavam trabalhadores? Teriam se tornado "profissionais"? A que ou a quem responsabilizariam por sua presente condição? Quais as marcas deixadas pela inserção no mundo do trabalho?

Instrumentos e procedimentos para coleta de dados

O primeiro passo foi a definição de tópicos que deveriam ser observados, os quais, embora não chegassem a constituir um roteiro *stricto sensu*, serviram como importante referência para as entrevistas realizadas. Considerando ainda as premissas teóricas adotadas, optamos pela elaboração de sete categorias básicas que deveriam ser sugeridas aos entrevistados:

- *as condições de vida e moradia* – onde nasceu, região onde viveu a infância, estrutura familiar, ocupação e formação dos familiares, valores e mitos compartilhados pelo grupo familiar, sentimentos em relação à classe social;
- *a questão das instituições* – a forma de inserção no programa de profissionalização, as expectativas, a forma de lidar com a organização do trabalho;
- *a questão do trabalho* – atividades já realizadas, trabalho prescrito e trabalho real, grau de satisfação obtido com o trabalho, grau de complexidade das tarefas;
- *a questão dos grupos sociais* – formas de relacionamento, relacionamento com chefia e colegas, lideranças, disputas, formação de novos grupos, manutenção de grupos antigos;
- *a questão da saúde* – experiências que pudessem ser vividas como de "sofrimento" ou "fragilização", formas de busca do prazer no ambiente de trabalho, acidentes no trabalho, experiências de LER/Dort;
- *a questão da educação* – formas de conciliar trabalho e escola, impactos da experiência profissional no rendimento escolar;
- *a formulação e reformulação das diversas identidades* – percepções do adolescente sobre si próprio, mudanças advindas da interação social no trabalho, definição de projetos de vida pessoal e profissional.

Foram contatados por telefone dez adolescentes, com os quais foram agendados dia e horário específicos para a entrevista.

Como algumas vezes ocorria o fato de pesquisador e pesquisado estarem insertos na mesma instituição, ficou evidente a importância de esclarecer de antemão o caráter sigiloso das entrevistas.[11]

Pelo mesmo motivo, logo de início o objetivo acadêmico da entrevista foi explicado, sendo solicitada permissão para gravação e posterior reprodução. Os entrevistados também receberam garantia da não-identificação dos sujeitos pesquisados e da devolução dos dados obtidos.

As fitas foram transcritas e os trechos utilizados foram reapresentados aos adolescentes, para ratificarem a autorização de uso neste trabalho.

Para a coleta de dados foram realizadas entrevistas em profundidade, adotando o ponto de vista proposto por autores como Michelat, citado por Thiollent (1987, p. 85), ou seja, a diretividade será dada pelo próprio objetivo e tema da pesquisa, na qual, embora o comando esteja nas mãos do pesquisador, cabe ao narrador uma participação ativa, já que é ele quem, em última análise, escolhe o que e como vai narrar. Ou, em suas próprias palavras, "é o entrevistado que detém a atitude de exploração".

No decorrer das entrevistas, foi preciso considerar os limites da relação pesquisador/pesquisado, principalmente a flexibilização permitida pela própria entrevista não-diretiva. Segundo Michelat, citado por Thiollent:

> A profundidade da entrevista permitida pela não-diretividade é ligada à sua capacidade de facilitar a produção de *significações fortemente carregadas de afetividade*, mesmo quando se apresentam como estereótipos: o que nós procuramos pôr à luz, de fato, é a lógica subjacente às associações que, a partir da instrução inicial, irão levar o entrevistado a abordar tal ou qual tema, a voltar atrás ou progredir para outros temas. [grifo nosso] (1987, p. 85)

A necessidade de fixar o papel de entrevistador (recolher o dado e intervir minimamente) muitas vezes teve de se defrontar com a iden-

---

11. Alguns adolescentes, após completar 18 anos e se desligar do programa, mantiveram alguma relação de trabalho com a Unidade ou o setor onde trabalhavam, o que reforçava a necessidade de ressaltar o sigilo das entrevistas.

tidade atribuída pelos adolescentes ao pesquisador (com formação e prática em psicologia) de *atendimento*. De maneira geral, a atitude adotada foi de compreensão e aceitação dos conteúdos abordados, acatando orientação de Bleger (1991).

Uma vez concluída a pesquisa, as histórias foram devolvidas aos entrevistados, com explicitação dos procedimentos adotados (análise das histórias, classificação e reorganização). Naqueles casos em que os sujeitos indicaram, foi discutida e efetivada a reorganização dos dados. Os sujeitos tiveram seus nomes omitidos para evitar a identificação.

Análise dos dados

Tentar compreender o que seja identidade e o seu processo de construção por intermédio da narrativa desses adolescentes trabalhadores exigia-nos a todo momento lembrar que

> [...] *as afirmações do informante representam meramente sua percepção, filtrada e modificada por suas reações cognitiva e emocionais e relatadas através de sua capacidade pessoal de verbalização.* (Dean *et al.*, citados por Haguette, 1987, p. 76)

Deveríamos buscar o núcleo das idéias trazidas pelos entrevistados, tentando identificar ali as representações, os valores, a forma de viver as experiências e as relações, os diversos papéis assumidos, a presença de rupturas entre o exercício de papéis diferenciados, as perspectivas e a consciência da construção das próprias possibilidades.

Tendo sempre em mente a questão da representação de si e do trabalho, nossa atenção ao analisar os relatos esteve centrada na coerência ou na contradição entre o que estava prescrito e o que foi assumido dos papéis sociais do adolescente. Tentamos também perceber qual a importância atribuída aos diferentes fatos sociais (escolarização e profissionalização, por exemplo) na construção de sua identidade e a articulação com outras possíveis categorias explicativas, como consciência, bem-estar e relacionamento familiar. Esse processo contínuo de interação entre as informações recolhidas e a teoria utilizada para explicá-las constituiu a nossa análise dos dados.

O primeiro aspecto prático da análise foi escolher quais dados deveriam merecer análise mais profunda e, dentre estes, quais mereceriam ser relacionados mais diretamente ao objetivo desta pesquisa. Optamos pela manutenção das categorias estabelecidas para o balizamento da entrevista como um ponto norteador para a apresentação dos dados.

Considerando a metodologia utilizada e os fins da pesquisa, julgamos oportuna também a transcrição de trechos dos depoimentos obtidos, por entendermos que alguns pensamentos pedem uma articulação mais próxima do leitor, de maneira que lhe permita maior proximidade com o universo do entrevistado e com o nosso modo de interpretar-lhe os pensamentos, os valores, enfim, a sua visão de mundo.

O procedimento de análise dos dados pode ser resumido nas seguintes etapas:

- *análise prévia* – escuta e transcrição das fitas gravadas, assinalando os pontos geradores de dúvida e destacando os aspectos considerados mais relevantes, pela interação com as categorias mencionadas, e atentando para a importância dada pelo entrevistado (percebida por sinais como tom de voz, sinais não-verbais observados e assinalados pelo entrevistador, repetição do tema);
- *categorização e reorganização* – agrupamento dos trechos obedecendo à classificação prevista anteriormente;
- *reflexão* – articulação dos dados com os pressupostos teóricos, inseridos mediante comentários apresentados no interior de cada história;
- *reformulação* – análise mais abrangente dos dados, considerados de maneira mais global, com o objetivo de permitir a compreensão da identidade como "processo em movimento", segundo Haguette (1987, p. 72), o que percebemos como primordial para a fundamentação de quaisquer conclusões.

4

Os adolescentes trabalhadores: uma escuta possível

O grupo familiar: a pré-história

A infância, a moradia e as "mudanças"

A análise das entrevistas evidencia que os adolescentes que compõem a amostra relacionam o conceito *trabalho* à noção de independência e autonomia. Muitas vezes, essa independência está vinculada à questão da moradia, sendo freqüente obter relatos sobre a importância de "mudar" do aluguel para a casa própria. Para efetivar essa conquista, os sujeitos entrevistados percebem no trabalho uma estratégia importante, às vezes fundamental.

Deve-se também destacar que a aquisição da casa própria parece influir sobremaneira na percepção do adolescente de si próprio e do grupo social ao qual pertence, chegando a ser percebida como mudança de classe social.

> É, eu sou de BH, sou de BH mesmo. E já mudei. Na minha infância eu vivia mudando. A gente não tinha casa própria, aí sempre mudava. A gente morava de aluguel, né? A gente tava assim: um ano em um lugar, já mudava. Eu já morei em tanto lugar... Já morei em Goiás, em Brasília, só que aí eu era neném mesmo. Ouro Preto, Ouro Preto eu lembro. Nós morava numa fazenda lá. Meu pai cuidava da fazenda. Lá foi dos lugares que foi melhor eu

me lembre. E no mais eu morei no Pedra Branca, lá onde que eu moro. Que é em Neves. (N.C.J.)

A mobilidade social não é avaliada por critérios históricos ou políticos, podendo-se falar de uma *naturalização* do fato social. Observa-se que a relação do adolescente com essa mudança de condição socioeconômica muitas vezes é atribuída a fatores como sorte ou destino, sobre os quais ele não tem, na sua própria visão, nenhuma interferência ou controle.

> E eu dei sorte que foi quase no mesmo tempo, entendeu, que eu comecei a trabalhar lá na feirinha, nós saímos do aluguel. Aí foi bom demais. Eu ganhava o meu dinheirinho, podia comprar as minhas coisas, entendeu, dar presente pra ela, pros outros lá e tal e não tinha que pagar o aluguel. Ela não tinha que pagar o aluguel que era a maior despesa. (N.C.J.)

> Lá a gente morava de aluguel, no [bairro] N.A... Aí minha avó morreu, meu avô ficou sozinho, chamou a gente pra morar com ele, aí logo depois ele faleceu também. A gente tá morando na casa que era dele. (F.S.C.)

A apropriação da casa ("sair do aluguel") representa a manutenção do referencial de origem. É a segurança do útero, que o adolescente trabalhador utilizará inclusive como diretriz durante sua formação profissional, pois percebe que, no sistema capitalista em que está inserto, é o exercício do papel *trabalhador* que pode permitir-lhe a conquista desse espaço.[1]

A identificação com os pais e o papel "trabalhador"

Verificou-se, pelas entrevistas, que a identificação com os pais se dá permeada pela atividade profissional exercida por eles, embora nem sempre o adolescente esteja consciente disso. A percepção de si próprio como trabalhador está constantemente atrelada à percepção que eles possuem da atividade profissional do pai, da mãe ou de

---

1. Erikson (1971, p. 95) faz um interessante estudo sobre as construções lúdicas expressas em diferentes modalidades espaciais, que, embora extrapole as pretensões desse trabalho, poderia fornecer elementos para uma análise mais detalhada das relações entre espaço e identidade dos adolescentes trabalhadores.

ADOLESCÊNCIA E TRABALHO

ambos e da maneira como essa identidade é construída e reconstruída ao longo da história de vida.

Isso se evidencia no movimento que os entrevistados fazem ao incluir espontaneamente o tema da atividade profissional dos pais no discurso sobre sua visão do par parental.

> [...] meu pai, né... meu pai, hum, meu pai, deixa eu ver o que eu posso falar dele: é pessoa que nem eu, sério, fechado, cara séria. Você olha pra ele parece que ele é um réu, mas não é assim não, gente boa pra caramba, brincalhão também, mas só quando quer ser, entendeu? Precisou dele ser um carrasco ele vai lá e enforca qualquer um. Minha mãe também é gente boa, torra meu saco mais do que ele, mas tá valendo. Meu pai trabalhou desde que eu era pequenininho numa empresa só, chama-se S., né? Começou como mecânico, depois passou pra cobrador, motorista, foi subindo, até chegar a chefe de transporte da empresa. Aí ficou mais 16 anos chefe de transporte, aposentou, tá na dele, na boa agora. Comprou um caminhãozinho velho, tá trabalhando por conta própria... (B.R.W.)

> Meu pai é gente boa pra caramba. Meu pai, considero meu pai demais. Mais ele tem o lance da bebida. [...] meu pai sempre foi muito farrista, cara! Minha mãe sempre aturando tudo aquilo lá, sempre aturando. E aí teve uma época lá que o trem começou a ficar feio mesmo, entendeu? Meu pai não tava começando ajudar em nada. Meu pai era muito trabalhador, cara. Meu pai se quisesse mesmo, ele era controlado. Eu acho assim: meu pai mexe com a construção civil, ele é pedreiro, entendeu? Mas ele já teve oportunidade de ser mestre de obras! Já teve oportunidade lá, no tempo que ele tinha da firma dele lá e tal, mas farra demais, o cara não liga para nada, não se empenha em fazer nada. O máximo que ele puder ajudar a pessoa ele ajuda. Ele é tipo assim, ele é bom para os outros e muito farrista. (N.C.J.)

O trabalho está portanto muito próximo da idéia de *oportunidade* e visivelmente carregado de explicações causais para justificar o aproveitamento ou não dessas mesmas oportunidades. Usualmente, a explicação está centrada no sujeito – ele bebe, ou deu sorte, ou deu azar – e esse mecanismo vai se reapresentar na experiência profissional do próprio adolescente.

Alguns adolescentes conseguem atentar para a questão das vivências de prazer e desprazer experimentadas pelos pais nas relações de trabalho e assimilam a noção do trabalho nem sempre vinculado à realização pessoal.

Meu pai trabalhava como açougueiro e agora no almoxarifado. A minha mãe é copeira em um hotel. Ela sempre trabalhou. Depois começou a fazer refeição para a firma, café, lanche, trabalhava lá em casa mesmo. Era salgadeira. Meu pai preferia o trabalho de açougueiro porque é uma coisa que ele aprendeu com o pai dele e é uma coisa que ele gostava. Então hoje em dia ele trabalha no almoxarifado. Tá bem, mas não satisfeito. A minha mãe também a mesma coisa. Ela preferia estar mexendo com salgado, que é o que ela gosta de fazer, é o dom dela. É, ela trabalha como copeira. Meu pai eu acho que não é satisfeito com o trabalho. E a minha mãe acho que não é satisfeita com o dinheiro e tudo, porque ela recebe muito pouco pelo esforço que ela faz. Trabalha de domingo a domingo e é muito desgastante. (P.S.W.)

Observando a célula familiar básica da qual esses adolescentes se originam, notamos que ali pai e mãe trazem o *trabalho* como um pilar de sustentação da própria identidade. Os adolescentes inevitavelmente fazem referência ao trabalho desenvolvido pelos pais, adjetivando tais atividades com considerações mais ou menos idealizadas, muitas vezes refletindo os valores do próprio grupo familiar. Seria possível compreender que a importância atribuída por Mead (1982) aos chamados *outros significativos* encontra-se aqui corroborada.

A inserção precoce no mundo do trabalho

A iniciação dos adolescentes no mundo do trabalho não se dá, necessariamente, no contexto institucional. Vários deles iniciam sua "formação profissional" já durante a infância, no chamado trabalho informal, que não se encontra submetido a nenhum parâmetro jurídico. Ao contrário, em determinadas situações até mesmo fere a legislação que proíbe o exercício de atividades produtivas para menores de 14 anos, em qualquer condição.

Curiosamente, nem sempre essa experiência é relatada como objeto de sofrimento por parte do entrevistado ou sua família, o que parece confirmar a avaliação de alguns observadores quanto à existência de elementos predisponentes à manutenção do trabalho infantil por parte de alguns segmentos da sociedade brasileira.

[...] eu comecei a trabalhar desde jovem, então minha vontade de ser independente é que me fez procurar a Cruz Vermelha. Trabalhar, pra mim, abriria as portas do mercado de trabalho. Eu pensei nessa hipótese, porque eu comecei a trabalhar mesmo era de servente de pedreiro. Era um trabalho muito duro. Então depois ainda tinha que ir para a escola. Eu tinha uns 14 anos nessa época, 14 ou menos. Doze a 14 anos." (F.H.E.)

[...] eu lembro que eu comecei trabalhando foi com um tal de I., foi quando eu comecei a trabalhar mesmo, lavando carro. Ele tinha um lava-jato lá, aí eu comecei a trabalhar com ele lavando carro... Tinha uns 9, 10 anos. (B.R.W.)

O aproveitamento da força de trabalho de crianças e adolescentes não se restringe à área da prestação de serviços, mas surge também na confecção de manufaturas – por exemplo, produtos artesanais – contando com o apoio do grupo familiar ou, pelo menos, com a sua não-interdição.

E também comecei a trabalhar, no primeiro emprego [...] eu ajudava um colega meu a pintar tapete, sabe? [...] Foi o primeiro dinheiro que eu ganhei com meu suor. Eu tava na 6ª série, eu acho, tava com 12 anos. Mas a gente pintava, ficava legalzinho e tudo. Eu gostei, é. [...] dava pra faturar um dinheirinho até bom. E era gostoso também, sabe? Parei, aí eu fiquei só no estudo mesmo. (F.S.C.)

É possível obter a confirmação da importância atribuída ao trabalho regular, a famosa *carteira assinada* ou *trabalhar fichado*, mesmo quando o trabalho informal é percebido como satisfatório por estar associado a outras vantagens ou atendendo a diferentes necessidades.

Eu [...] comecei a trabalhar na feirinha, e lá eu gostava muito porque eu comia demais, "véio"! Eu comia demais, "bicho"! Porque ele liberava, entendeu? "Só não pega dinheiro do caixa, entendeu? Cê nunca pega dinheiro do caixa sem me avisar. Cê pode até pegar, se você estiver precisando, aí você me avisa. Agora: fruta, o que você quiser, pode pegar." Lá era bom, chegava final de semana, ele falava assim: se quiser, pega uma sacola e faz uma feira pro cê. Feira lá em casa lá era muito difícil da gente fazer, entendeu. Não é que ele não descontava, não, mas ele já me dava o dinheiro que eu recebia pro semanal, né, recebia até mais do que eu recebo hoje, cara. Eu recebia R$ 35,00 por semanal, R$ 35,00 por semana e mais a feira, bom demais, pertinho de casa, almoçava em casa, mas não era fichado. O problema era isso. Aí depois que eu comecei a trabalhar lá e tal, aí eu tava doido pra trabalhar fichado, aí que eu pedi pra sair... Eu trabalhei até os 15 anos. Trabalhei dois anos lá. É isso mesmo, dois anos. (N.C.J.)

A remuneração dos adolescentes entrevistados não parece constituir a principal fonte de renda da casa, o que talvez lhes permita maior flexibilidade nas primeiras relações com o sistema produtivo. O relato das primeiras experiências desses sujeitos no mundo do trabalho não explicita vivências de desprazer, nem por parte do adolescente nem de seu grupo familiar. Na maioria dos casos parece haver uma expectativa da família quanto a essa inserção, sem que ela seja, no entanto, considerada imprescindível para a sobrevivência do grupo.

> Eu, assim, tentei algumas vezes vender picolé aqui no centro mas foi mais por piada mesmo, não dava pra levar a sério, não. Eu tinha que vir, comprava aqui, tinha um lugar ali que vendia a 5 centavos, a gente chupava mais que vendia. Isso aí foi mais por sacanagem, não levei a sério, não. Eu e o mesmo do tapete. Ele chama J., mas o apelido dele é P. (F.S.C.)

Isentos total ou parcialmente da pressão sobre o valor do seu trabalho, observa-se que, para vários desses adolescentes, o trabalho é percebido como uma maneira de adquirir bens e produtos associados ao prazer e ao bem-estar, destinados ao seu próprio uso e considerados muitas vezes supérfluos até por eles mesmos.

> Eu lembro que na época tava saindo aqueles *roller*, né, patins falava na época. Eu era doido com um, meu pai: "Não, você quebra a perna". Pô, era eu que queria, ele tinha que me dar! Aí foi onde eu falei – deu aquele, aquela revolta... Falei: "Não, eu tenho que trabalhar que eu mesmo vou comprar". Aí mesmo eu comecei a trabalhar [...] fui e comprei o patins, comprei com aquele negócio de mostrar pro meu pai que eu que comprei, que eu não quebrei a perna nem nada, entendeu? Desde essa época sempre quis trabalhar pra ter o meu... Lembro que eu sempre gostava de chegar na escola, comprar minha merenda e pagar para as menininhas: "Vem cá que eu pago pra você", sempre com aquele ar superior que eu tenho. (B.R.W.)

> O dinheiro sempre foi pra mim, sabe? Minha mãe... essa questão dela, de receber a pensão, ela foi muito controlada, minhas irmãs todas trabalham. Eu comecei a trabalhar cedo e esse dinheiro sempre ficou pra mim. [...] dinheiro lá em casa nunca foi problema, sempre foi a solução. [...] Trabalhei um ano, aí tive problema na pele e parei. Mas dava pra tirar um dinheirinho até bom e dava pra eu comprar muito cartucho [de *videogame*]. (F.S.C.).

Pode-se então dizer que existe uma forte *orientação* pela entrada desses adolescentes no sistema produtivo, a qual é claramente absorvida e compartilhada por eles próprios. Mais do que o vetor econômico, destaca-se o componente ideológico dessa atitude, que pressupõe o aspecto formador da atividade profissional.

O resultado da simples adesão a essa estratégia, sem maiores questionamentos, muitas vezes significa o impedimento da busca de outras formas de expressão humana, de outros sonhos ou possibilidades de realização, por exemplo, a prática esportiva ou artística.

> Depois – acho que com 9 pra 10 anos – que comecei a jogar, interessar mais por futebol. Comecei a jogar, aí marcava com o pessoal todo dia à tarde já. Como eu estudava de manhã, marcava à tarde, eu ia e jogava, quase que todo dia. Tinha dia que eu não agüentava mais, já tava cansado... ia lá e jogava. E, aí, eu comecei a jogar bola. Eu acho que tava na 5ª série, com 11 anos, comecei a jogar bola num time de futebol. É, me dei bem, só que nessa época num tava dando tempo pra conciliar, sabe? Porque eu jogava futebol, comecei a fazer crisma, na igreja, que sempre gostei muito de participar, e tal. Aí eu comecei a fazer a crisma, às vezes tinha um churrasco no domingo, aí tive que escolher. [...] E aí não dava: eu tava estudando, pintando tapete, e fazendo curso de crisma, né? Aí acabei largando o futebol, mas fiquei um bom tempo lá, jogando futebol no time, lá do bairro mesmo. Mas era uma coisa arrumadinha, tinha excursão, fui jogar em outras cidades, já vivenciei porrada. Não participei, não, mas eu via, né? De longe. Eu e o cara, a gente ficava lá de cima lá, olhando o pau comer lá embaixo. [...] [A mãe falava:] "Você vai, mas toma cuidado. Isso [o futebol] é só brincadeira, não vai entrar [na briga] né? Não vai machucar, e tal, porque você sabe que o pessoal não tem condição de pagar o jogador." Ela também abria a minha cabeça pra tentar me mostrar, me falava: "Olha lá, o time lá, o pessoal, tem acesso a médico, especialista. Você vai mas toma cuidado que é só pra brincar mesmo, e tal, sabe que ali é só divertimento". (F.S.C.)

O programa de profissionalização: a imersão no contexto institucional

A referência pessoal como critério de seleção e a "proatividade"

O ingresso no mundo institucional do trabalho é mediado pela família e essa mediação reapresenta-se por várias vezes no decorrer do processo de formação profissional, de maneira mais ou menos evidente. Mais do que isso: a estrutura familiar é constantemente buscada como referência pelo adolescente no contexto da instituição.

É normalmente mediante um "conhecido" – vizinho, parente, amigo, colega, ligado à Cruz Vermelha ou à UFMG – que o adolescente trava contato com o programa de profissionalização.

> Minha mãe, por ela trabalhar na Universidade, ela trabalhava na Arquitetura, aí ela viu os *boys* de lá. Aí ela perguntou para eles como é que fazia para entrar lá [na Cruz Vermelha]. Eles falaram que tinha que fazer o curso lá na Cruz Vermelha. Aí eu fui com três colegas... (N.C.J.)

Esse "conhecido" constitui a primeira fonte de informação sobre o programa de profissionalização e é o principal reprodutor da noção do trabalho como *formador de identidade*. Muitas vezes, é ele também quem intermedeia a indicação e fornece as orientações sobre como proceder para aumentar as chances de ingresso e permanência do adolescente na instituição.

> [...] não sei se você já entrevistou o M. O pai dele e o meu eram amigos de infância. Foi até pelo pai dele que meu pai e minha mãe se conheceram e se casaram. A mãe do M. era a J., uma grande amiga da V. [funcionária] da Cruz Vermelha. Aí meu pai falou com a J. e ela falou com a amiga dela da Cruz Vermelha. Ela pegou e falou para eu ir lá, nem precisei fazer curso. Ela falou assim: "Você pode vim tal dia para trabalhar". (H.P.C.)

Além disso, ressalta-se também a especificidade do novo tipo de inserção profissional que se apresenta com o programa. Observa-se, por exemplo, que a perspectiva de ingresso no *emprego* público está carregada de importância e muitas vezes é idealizada por trazer atrelada a noção de *carreira* pública. Essa orientação é reforçada e alimentada pelo grupo familiar, quer os pais tenham contato direto com a instituição formadora ou não. Isso provavelmente porque a construção desse mito – que mantém a expectativa da estabilidade e da segurança – transcende o grupo familiar, estando permeada pela identificação com a classe social e os valores por ela compartilhados.

> É, a M.J. trabalha no C.A. [...], ela é psicóloga também, mas trabalha lá, de secretária. Ela já conhecia o programa da Cruz Vermelha, aí falou com

ADOLESCÊNCIA E TRABALHO

minha irmã, que é, é co-cunhada dela. A C., a minha irmã mais velha, é casada com o irmão do marido da M.J., pegou? [...] Então ela falou pra minha mãe. Teve um dia que ela precisou ir no centro, ela passou em frente à Cruz Vermelha e pegou um informativo falando sobre o curso. Até vinha escrito lá em letras garrafais assim: "Não garantimos emprego". (F.S.C.)

O fato de quase sempre existir uma indicação pessoal para o ingresso no programa parece estimular uma caracterização intensamente familiar nas relações de trabalho.[2] Esse contexto de *gratidão* esboça uma relação que poderíamos denominar *apadrinhamento* entre o adolescente trabalhador e aquela(s) pessoa(s) que fez (fizeram) sua indicação, vínculo esse que se prolonga, muitas vezes, até mesmo depois do desligamento do programa.

Eu tenho até um ponto a meu favor, se um dia eu quiser prejudicar a Cruz Vermelha... porque eles não podem me negar uma carta de apresentação. Eu trabalhei lá, fui bom funcionário e não é por causa de uma M. da vida que eles vão me prejudicar, entendeu? Eu não procurei, sei lá, porque não precisou, porque eu acho que quem tem que dar uma carta de apresentação não é ela, é onde eu trabalhei. Então não procurei, não criei atrito mais. Até em gratidão a V., né, porque se não fosse ela eu não tava nem aqui, não tinha passado por tudo que eu passei. Que ela é que chegou e: "Você quer trabalhar, né?". Me deu aquele incentivo, me deu oportunidade. Eu lembro que na época que ela fez a minha inscrição nego dormia até na fila pra conseguir emprego pro menino, a mãe dormindo por causa de filha, na época era bem difícil conseguir a ficha. Ela foi, fez pra mim numa boa é..., porque já tinha assim, aquela amizade com minha mãe, com o pessoal lá de casa, aí ela arrumou pra mim numa boa. Então, em gratidão a ela eu não procurei criar caso mais, não. Mas essa M., sou atravessado com ela até hoje por causa do jeito que ela me tratou. (B.R.W.)

É importante lembrar também que esse modelo de seleção não é válido para todos os adolescentes, pois mesmo as instituições envolvidas não têm uma decisão consensual a respeito da manutenção da indicação como critério seletivo. Além disso, trata-se de um critério extremamente diferenciado daquele experimentado pela maioria dos

---

2. Uma análise mais aprofundada desse assunto será feita no item "O trabalho", deste capítulo.

outros trabalhadores da instituição – funcionários e professores – contratados mediante concurso público. Essa "marca" diferenciadora acompanha o adolescente ao longo de seu exercício profissional, particularmente nas situações de conflito.[3]

O ingresso no programa de profissionalização também está ligado ao que poderíamos chamar de *proatividade*, que entendemos como uma capacidade de movimentação do adolescente e de seus grupos familiar e social, no sentido de efetivar as reais possibilidades de inserção no mundo do trabalho formal. Embora por si só não garanta a aprovação do adolescente no processo de seleção para o programa, a ausência da *proatividade* pode significar a sua exclusão dele.

> Como minha mãe conhece muita gente... ela tem uma amiga que conhece uma senhora que trabalhou lá. Aí minha mãe estava procurando emprego para mim e saiu perguntando para todo mundo... Antes disso eu tinha feito ficha na Assprom. [...] depois apareceu esse negócio da Cruz Vermelha. Essa amiga ligou me pedindo para ela e eu aparecer na casa dessa senhora. Aí nós fomos lá. Ela falou que tava precisando de um jovem de seus 15 anos que estivesse na 7ª série, e eu tinha 15 e estava na 7ª série. Ela tinha levado um menino que tinha 15 e que estava na 7ª série, só que ele [...] não conseguiu... Aí me pediram para eu ir lá fazer entrevista. Eu fiz entrevista na segunda-feira, na terça eu tirei meu CPF e na quinta eu comecei a trabalhar. (A.R.L.)

> Acho que eu fiquei uns quatro anos trabalhando com esse cara lavando carro, foi quando a V. da Cruz Vermelha me perguntou: "Você quer trabalhar mesmo?". "Quero." "Lá na Cruz Vermelha tem um projeto, um convênio, eles te mandam pro cê trabalhar em outro lugar." Ela arrumou um curso pra mim, eu vim, fiz a inscrição. (B.R.W.)

Essa noção de *proatividade* será de fundamental importância para o adolescente tentar reverter a seu favor circunstâncias extremamente desfavoráveis e relacionadas a situações até então não experimentadas diretamente. Um exemplo significativo, relacionado à questão do gênero e às vivências de discriminação de que são alvo as "meninas", contratadas em número bem menor do que os "rapazes".

---

3. Mais considerações sobre a percepção dos adolescentes das relações de poder na instituição formadora são apresentadas no item "As identidades e a metamorfose" deste capítulo.

Eu fui lá [na Cruz Vermelha] e falaram que não estavam fazendo ficha para meninas, só para rapazes. Até que meu irmão fez inscrição, foi lá para a entrevista e eu fui fazer companhia para ele. Eu cheguei lá e fiquei sentada conversando com duas funcionárias que estavam lá. [...] cheguei lá e falei que estava precisando conversar com ele [o entrevistador] a respeito de emprego e que eu já tinha ido lá na Cruz Vermelha e eu tinha sido barrada porque não estavam aceitando mulheres. Parece que tinham preconceito [...] eles têm medo de você se envolver com alguém, de você se engravidar, se perder, sei lá. Eu expus isso para ele e ele ficou até meio assustado, eu não sei nem se ele acreditou ou desacreditou. Mas eu acho que ele acreditou sim no que aconteceu. Eu fui indicada, depois de mostrar o que estava acontecendo comigo. Eu expus assim o que eu estava sentindo na hora. (P.S.W.)

O curso de office-boy: primeiros ensaios de qualificação

Uma estratégia utilizada pela Cruz Vermelha até 1998 era a oferta de um curso de *office-boy* para os adolescentes, que serviria inclusive como elemento para uma pré-seleção. O curso era ministrado mediante convênio firmado entre a Cruz Vermelha e o Senac, nas instalações da própria Cruz Vermelha. Foi suspenso por motivos de reforma no espaço físico e até o momento em que esta pesquisa era realizada o referido convênio ainda não havia sido reativado.

Os depoimentos obtidos sugerem que os adolescentes estabelecem uma correlação positiva entre a oferta do curso e o próprio desempenho na situação do trabalho institucional, talvez por permitir-lhes certa acomodação de suas expectativas em relação ao novo contexto em que estarão insertos.

Eu li, falei assim: "Ah, mãe, vou fazer, porque não garante emprego, mas assim, é um curso de *office-boy*, é um diploma a mais que eu tenho, né?". Que eu tenho até hoje lá o diploma. Juro que eu não fui com a intenção de ter o diploma, foi de aprender mesmo. Falei assim: "Não tô fazendo nada mesmo, vou fazer um curso". [...]. Me saí bem em matemática, apresentação e jeito, essas coisas que tinham no curso lá. Eu tenho até as apostilas lá, se você quiser ver. O curso agora já não é oferecido mais. Acho isso ruim pro pessoal que tá entrando agora, porque amadurece muito, sabe? Eu sei que muita coisa que aprendi lá eu não usei não, mas se precisasse usar eu tinha um certo conhecimento. (F.S.C.)

Chegamos lá fizemos a inscrição, tivemos até que pegar uma fila lá, cara. Tava lotado, né, fazer o curso de *office-boy*... depois já encaminhavam pro emprego. Aí eu fiz o curso lá foi, na época eu tinha 13 anos, tava trabalhando lá e fazendo o curso. Tinha 13 anos nessa época. [...] foi bom, aprendi coisa pra caramba lá: mexer com banco; mexer com escritório; dar aula de etiqueta, pra pessoa ser um pouco mais educado; o modo como se comportar no trabalho; ensina tudo, cara. Eu fui, fiz o curso. (N.C.J.)

Pode-se considerar que, de certa maneira, o curso também permite aos adolescentes ingressar no sistema produtivo institucional portando uma identidade profissional, que se legitima para eles no certificado ou diploma recebido. Para essa geração de adolescentes trabalhadores, o curso de *office-boy* representou mais do que um simples conteúdo programático passível de ser utilizado ou não na experiência profissional; significou a segurança de poder contar com um ritual de passagem, no qual poderiam ser atenuadas as angústias de transitar da instituição família para a instituição empresa e arcar com as conseqüências dessa passagem.

As alterações na percepção da família em relação ao novo papel "adolescente trabalhador"

Alguns adolescentes percebem que o grupo familiar – ou pelo menos parte dele – reage favoravelmente à sua inserção no programa de profissionalização, até mesmo atuando como agentes facilitadores desse processo. Outros conseguem verificar que a atitude da família é também eivada de conflitos, da mesma forma que a própria concepção de trabalho como elemento *formador de identidade*.[4]

Mudou, mudou totalmente, mudou de uma certa forma bem geral mesmo porque [...] se eu comprasse uma calça minha mãe ia querer saber de onde e ela queria controlar o meu dinheiro e eu não achava certo isso. Aí eu comecei a ficar mais calado, mais na minha, não contava mais nada para ela, para ela não ficar pegando no meu pé, não ficar me controlando. Aí mudou bastante nosso relacionamento. (A.R.L.)

---

4. Um dos elementos mais evidentes nessa discussão, que vamos analisar especificamente no item "A escola", deste capítulo, é a relação entre trabalho e escola, que certamente remete aos eixos de identidade mais fortes do adolescente trabalhador.

Bem até que meu pai não falou nada, não, o que ele pensou ele não comentou, entendeu? Minha mãe é que falou: "Poxa, tá muito novo, acho que você pode esperar mais, né, continuar dedicando só nos seus estudos. A hora que você tiver formado, tal, você pensa em trabalhar, por enquanto não há necessidade de você trabalhar agora. Se eu fosse você, esperava mais um pouco". Ninguém foi contra a minha decisão, não. Eu é que quero trabalhar pra não precisar ficar pedindo, e nem tudo que eu quero meu pai vai querer me dar. (B.R.W.)

A inserção no mundo do trabalho institucional é carregada de apreensão pelo adolescente e por sua família. Grande parte dessa apreensão está ilustrada nas orientações que o adolescente recebe em casa quanto à forma de apresentação, ao horário de chegada, à forma de tratamento, enfim, todo um conjunto de instruções que pretende aumentar a possibilidade de ingresso e manutenção no quadro de servidores de uma "instituição de peso".

Minha irmã – porque elas sempre preocuparam comigo – pediu pra mim ir todo social, ela falou assim: "Ô, C., a UFMG é uma instituição de peso, né? Se não for a melhor, é a segunda melhor universidade do país". Ela me explicou, me mostrou a UFMG. É uma cidade mesmo, tem o correio, os bancos, tem os prédios, muita área verde, fiquei até meio assustado, assim, ó, isso aqui tá aqui e eu não... A biblioteca, né, que muita gente não sabe que tem acesso lá, e tal. Eu fui todo social, bonitinho. Tava preparado pra uma empresa, assim, de peso. Tipo assim: "O negócio lá é sério, e tal". Aí eu fui todo preparado, tudo bonitinho. (F.S.C.)

Um dos aspectos mais importantes das alterações da percepção da família em relação ao papel *trabalhador* desempenhado pelo adolescente é a condição de independência que se atribui agora ao jovem. Logrado o êxito da *proatividade*, espera-se agora que o adolescente possa dispensar o grupo familiar de algumas atribuições, o que é sentido muitas vezes por ele – o adolescente – como abandono e perda.[5]

---

5. É impossível não reconhecer a articulação desse sentimento com o conceito de "luto" proposto pela psicanálise para compreensão dos processos psíquicos experimentados pelos adolescentes.

A minha mãe adorou, porque ela falou assim: "Agora não vou ter que ter despesa nenhuma com você. Agora o dinheiro é seu, você que arque". Foi até uma independência legal nessa parte, porque você começa a comprar as suas roupas, as suas coisas, o que você gosta, entendeu? Nessa parte é superlegal. Agora na parte do meu pai, ele sempre avisava: "Agora você paga sua passagem, me dá dinheiro pra aqui [...]". Eu sempre tive uma rixa meio estranha com meu pai, porque meu pai, quando a gente começa a trabalhar, ele pensa que o filho tá entregue o mundo já, não precisa com nada dele. E sempre também queria ajudar. Então ajudava em casa, algumas coisas eu comprava, alimento, uma prestação eu quitava, de uma coisa doméstica e tal. Ajudava e tudo. Nessa parte minha mãe deu a maior força e tudo, apesar de estar sempre ali. (P.S.W.)

Destaca-se aqui a importância do que Berger & Luckmann (1976) chamam de *socialização secundária*. Incluindo nesse escopo a própria experiência de socialização pelo trabalho, encontramos na profissionalização toda uma série de vivências com as quais o adolescente se defronta e que lhe permitem reconstruir sua própria identidade. Nesse sentido, acreditamos poder atribuir à socialização secundária uma importância muito maior do que a que lhe foi creditada pelos próprios autores no momento de sua formulação, uma vez que, a nosso ver, esse momento poderá afetar de maneira significativa o processo anteriormente implementado com base na *socialização primária*.

Podemos observar, por exemplo, que aspectos tidos pelo grupo familiar e inicialmente assimilados pelos adolescentes como prioritários – como *salário* e *benefícios* – têm sua importância relativizada perante noções mais abstratas – como *estabilidade* e *carreira*. Para quem muitas vezes não contava com a segurança de uma moradia própria, a possibilidade de inclusão no mundo do trabalho mediante um *emprego* – ainda mais um *emprego público* – destaca-se pelo amplo conjunto de significações a ele atreladas.

É como se, ao conseguir uma vaga no programa de profissionalização, esse adolescente estivesse abrindo toda uma perspectiva de mobilização social que traria ao grupo familiar a possibilidade de obtenção de valores e bens. Desde aspectos concretos – como a casa, o carro, a moto ou os patins *roller* – até os mais abstratos – como melhor qualificação, cursos de informática e línguas estrangeiras. A todos esses aspectos estariam relacionadas, conseqüentemente, maiores possibilidades de obtenção de melhores empregos e ascensão social.

As primeiras impressões da instituição

Os relatos sobre as impressões iniciais dos adolescentes em relação à instituição onde trabalhariam espelham bem as representações que traziam do trabalho e da própria identidade que passariam a assumir.

Pode-se certamente inferir a abstração dos papéis e das atitudes – o que o interacionismo chama de outro generalizado – que passará a ser vivenciada dentro do contexto da organização de trabalho da instituição abordada. Dessa forma, é possível falar mesmo de uma projeção de sentimentos, conceitos e idéias do próprio adolescente sobre as pessoas, o lugar, as relações, enfim, sobre a instituição de uma maneira geral. Evidentemente, o relato dessa experiência também trará no seu bojo as contradições e as múltiplas manifestações de afeto próprias dessa passagem do sistema institucional família para o sistema institucional organização.

> [...] o primeiro dia de serviço meu, cara... Olha, pra você ver como é que eu estava tão ansioso, eu cheguei aqui sete horas da manhã! Cara, não tinha ninguém no prédio, eu lembro que eu tomei um café na lanchonete que tem ali e voltei. O porteiro me viu olhando o relógio toda hora e falou: "O pessoal só chega depois de oito horas, sacou?". "Eu vou esperar aqui então." Esperei, cheguei aqui oito horas em ponto. Tinha chegado primeiro que a M.J. [chefe imediata] mas só que eu não sabia onde era, eu vim pra Secretaria e era aqui mesmo. Voltando lá, eu fiquei lá até oito e na hora que deu oito e meia o A. – que era o cara que eu entrei no lugar dele – chegou. Aí, com jovem você tem mais liberdade e ele começou a conversar comigo. A primeira coisa que ele me perguntou é se eu era atleticano ou cruzeirense, esses lances assim, se eu estudava, que série que eu tava... A primeira impressão que eu tive foi boa, não foi ruim, não, e tenho essa impressão até hoje. (N.C.J.)

Observa-se a busca por um *reconhecimento* do outro, que constitui a base do processo de identificação. Uma possibilidade é que essa identificação inicial seja comumente buscada nos *pares*, ou seja, nos outros trabalhadores adolescentes. Dentre esses, é muito comum que o adolescente mais velho – que está se desligando do programa por estar atingindo a idade-limite – seja o principal interlocutor do recém-ingresso "calouro" na instituição.

No caso dos adolescentes entrevistados, a maior parte tinha participado do curso de *office-boy* promovido pela Cruz Vermelha, o que daria a essa "iniciação" no trabalho algumas especificidades. Por exemplo: os adolescentes já traziam um conjunto de informações que funcionava como "modelo de comportamento" ou "padrão de referência"; nesse sentido, seria maior para eles a expectativa de um pronto atendimento da demanda institucional com o mínimo de erro possível.

Ah, eu fiquei assim, como se diz..., são pessoas estranhas, né? Fiquei com medo, muito medo de errar porque eu pensei assim: "Nó, eu tô tendo oportunidade, será que eu vou perder ela por algum erro que cometer?". Então, eu pensei que vai estar tudo perdido. Então eu fiz o máximo para não errar, apesar também que eu me lembro de um erro que eu cometi mas já haviam seis meses – acho que seis meses – que eu tava aqui. Eu perdi, acho que foi cinco reais do professor. Ele é muito legal mesmo, ele virou e falou: "O dinheiro era para você lanchar, não tem problema. Eu só peço um pouco mais de atenção porque da mesma forma que você perdeu cinco você poderia ter perdido uma quantia maior. Era seu esse dinheiro, mas não tem problema", ele falou comigo. "Isso não justifica nada." Então ficou tudo bem, aí a partir disso que eu comecei assim a ver que não era tão difícil. (F.H.E.)

A primeira impressão? Que aqui não podia errar. Você não tinha... não podia errar, você tinha que fazer tudo certinho mesmo, prestar bastante atenção nas coisas, porque tinha sempre gente te olhando, não te cobrando, sempre querendo te ajudar. Mas sempre o melhor. Eu trabalhava com a I. E eu tava vendo que ela sempre buscava sempre mais e mais, sempre ensinava pra gente mais e mais, sempre ensinava pra gente o errado, o certo, então ela ficava de cima, marcação mesmo. Então isso é que me deu a entender. (C.B.V.)

Observa-se que a inserção na instituição suscita sentimentos ambivalentes no adolescente trabalhador logo nos seus primeiros contatos. Por um lado, o jovem experimenta a euforia de ter atingido a meta que ele e o seu grupo familiar tinham estabelecido, carregando todo um conjunto de valores e expectativas, conforme já descrito. Por outro lado, tem de lidar com o medo e a angústia de que algum fator, sobre o qual ele não se percebe como tendo controle – talvez daí até mesmo à ampliação desse temor –, venha a insurgir-se contra todos os planos e inviabilizar a manutenção dessa identidade recém-adquirida e tão ansiosamente aguardada: o trabalhador.

Foi dia 1º de agosto de 1996. Foi numa quinta-feira. Cheguei, né, fui conhecer aquele monte de gente estranha, fui na secretária-geral, ela fez uma entrevista comigo [...]. Explicou que aquilo era dinheiro dos outros, que se sumisse eu teria que pagar. Aí eu comecei a ficar meio assustado com o serviço. Aí no primeiro dia me mandaram ir ao banco com um cheque de R$ 2.000,00 [...] eu achei meio estranho... eu fiquei até com um pouco de receio. Dinheiro, era muito dinheiro. Se eu perdesse aquilo, eu não tinha nem idéia do que eu ia fazer. (A.R.L.)

O trabalho

O prescrito, o real e a percepção de ambos

O convênio entre a UFMG e a Cruz Vermelha prevê a contratação de adolescentes para exercer atribuições compatíveis com o cargo de *contínuo*. Possibilidades de contratação de adolescentes para outros cargos têm sido apresentadas pela UFMG mas são recusadas pela Cruz Vermelha, que privilegia a manutenção do único cargo, por motivos sobretudo jurídicos.

Na prática, porém, os adolescentes abraçam uma faixa de atividades muito mais ampla, com o desempenho de várias funções além daquelas para as quais teriam sido inicialmente contratados. A visibilidade de tal situação no entanto só é possível mediante a comparação dos diferentes discursos dos adolescentes sobre suas próprias práticas.

O meu serviço é muito comunicativo, entendeu? Você conhece gente demais onde eu trabalho, nossa! Eu conheço gente demais, é vendedor, por exemplo: se você precisou, se você precisar de um negócio, você pode falar comigo que eu sei onde que compra, conheço vendedor, faço muita amizade. [...] Por isso que é bom. [...] Achei interessante o trabalho e não achei difícil, não. Isso [o trabalho] acho que eu consegui fazer até hoje, o A. sempre fez e quem entrar sempre vai fazer: é o empenho mesmo, cotação de preços, é buscar negócio nas firmas, telefone também, comprar coisa, pechinchar, se tiver falta de dinheiro tem que [buscar], é bom só, você fica comunicativo, conhece muita gente. (N.C.J.)

Eu estava fugindo da minha obrigação de *office-boy* que eu era, passei a ver o serviço de outra maneira, de como auxiliar mesmo do F. [funcionário], eu era a mão direita dele. Tudo que precisava eu ficava resolvendo. Às vezes o F. entrava de férias eu ficava só para resolver, era eu sozinho. O chefe de departamento ia lá de vez em quando. O F. entrava de férias e deixava a gente na maior confiança. (H.P.C.)

[...] quando eu trabalhei lá, eu ficava a maioria do tempo era no xerox mesmo, era difícil eu sair pra fazer alguma coisinha diferente. Quando eu não tava no xerox, eu tava no balcão de empréstimo. Gostava de trabalhar nos dois, nunca reclamei de nada, não [...] (B.R.W.)

O meu trabalho era por semana. Toda semana trocava. Eu fazia a rota num prédio, no outro na outra semana, selava carta, pesava carta, é, fazia malote interno e externo, fazia malote *campus*, recebia todo mundo, era tipo protocolar, era uma recepção, né? Recebia o pessoal, e fazia isso. (C.B.V.)

A vivência dessa acumulação de tarefas não é claramente associada pelos entrevistados à noção de desprazer ou de sofrimento, embora em alguns momentos consigam relatar a percepção da sobrecarga de trabalho experimentada.

Olha, era puxado, era bem puxado mas dava para agüentar porque quando eu entrei [...] era serviço demais, era bem puxado. [...] dependendo do mês era tudo corrido. No começo do ano era um serviço mais calmo, no meio do ano mais ou menos e no fim do ano era puxado. (A.R.L.)

Em alguns depoimentos, fica ainda mais evidente que o trabalho real dos adolescentes na UFMG extrapola as dimensões inicialmente propostas pelo convênio. Em determinados setores de atividade mais específica, que não contam com um parâmetro de setor diverso em que outro adolescente exerça atividades análogas, pode-se observar essa situação claramente.

Ralava pra caramba (risos). Mas é mesmo, era mesmo. É, quando eu entrei lá, tinha o Boletim da UFMG – como tem até hoje –, tinha o jornal da UFMG, né, são os dois. O jornal era mensal e o Boletim é semanal. O Boletim geralmente eu gosto, eu cuidava da distribuição dele, geralmente eu gastava dois dias pra distribuir. [...]. Pra chegar mais rápido, no *campus*, eu saía, colocava todos os boletins no carro, e tinha uma listagem dos lugares que tinha que entregar e da quantidade. Por exemplo, na Reitoria eu tinha que deixar – a Reitoria era o primeiro lugar, né? – assim, independente se alguém estivesse morrendo e eu tivesse que levar o Boletim pra Reitoria, tinha que levar pra Reitoria. É lógico que eu ia ajudar quem tava morrendo (risos) mas eu levava primeiro pra Reitoria. [...] Era rotina: fazia o café pro pessoal, todo dia de manhã e todo dia à tarde depois do almoço, toda vez que faltasse. Tinha dia que o pessoal bebia café igual louco lá, e, Nossa Senhora, passava aperto pra fazer café. Então fazia muito café, trocava água, serviços assim, serviços gerais, né? Eu não tinha muito tempo livre, não. Uma sexta-feira ou outra que eu tinha tempo pra mexer no computador, entrar na internet, mesmo assim era horário de almoço, que tempo realmente eu não tinha, não. Eram vinte e poucas pessoas igual eu te falei, sabe, e era muito servicinho picado, mas tinha, eu não parava, não. Tirava xerox. Serviço de banco, fazia. [...]. "Meu nome é trabalho", se eu tô aqui, se eu tô à toa mesmo, se o pessoal precisar, ajunta todo mundo que eu faço. Mas o pessoal já tem um certo receio, o pessoal aqui, daqui da Universidade já tem um certo receio de pedir. Pelo menos lá na CCS eles tinham receio de pedir ao *boy*, porque era serviço particular, e tal, né? Tinha um certo receio. Mas quando me pedia, maior disponibilidade, ia, e fazia, é, fazia questão mesmo de ir. O M. [ex-chefe] também tinha esse receio de pedir, mas eu sempre falei: "Gente, o dia que precisar, tiver disponível aí, eu vou e faço". Depois que o J.B. [novo chefe] chegou que a cobrança de banco começou a ficar maior, que aí o serviço dele era eu mesmo que fazia e já passava a ser obrigação, ou geralmente todo dia à tarde eu ia pra ele. [O serviço] particular dele passou a ser minha obrigação. Mais uma. Aí geralmente quando eu ia pra ele eu perguntava: "Ô, pessoal, tem alguma coisa pra fazer, que eu já tô indo pra ele e acabo fazendo de todo mundo". Sabe, serviço de banco, tirava xerox, fazia café, entregava os documentos e cuidava da distribuição do jornal. Ah, esqueci do jornal. O jornal da UFMG – que é esse que faleceu aí (risos) – ele, dava mais trabalho. Eu acho que eram 14 mil exemplares, mas ele era uma vez por mês, e ele era mais difícil, que ele era maior, mais difícil de manu..., manusear. Manusear e tal. Ele era uma vez por mês. Quando geralmente chegava o Boletim, que acontecia, né, de uma vez por mês, chegar o Boletim da semana e chegar o jornal junto... aí, Nossa Senhora, trabalhava a semana toda, e mais a outra ainda. O jornal, além de distribuir no *campus* todo, distribuía pro Centro. Como ele tinha anúncios – ele ganhava por anúncios – tinha anúncio lá de *shopping* não-sei-o-quê, e tal. Aí eu entregava pros anunciantes ainda. Nó, já entreguei negócio lá no jornal *O Tempo*, né, lá que é Babita Camargo. Entregava no Ponteio, acho que todos os *shoppings*, sabe? Entregava no BH *Shopping*, entregava no Ponteio, lá, entregava porque eles anunciavam, e também, quando não anunciavam, pra tomar conhecimento do jornal, pra poder ver o anúncio, né. Aí eu ralava igual gente grande. (F.S.C.)[6]

Esse depoimento aborda também a questão da inclusão de demandas pessoais dos demais funcionários no rol de atribuições dos adolescentes trabalhadores. Dizendo de outra maneira: o aproveitamento do adolescente em serviços particulares. Apoiada na não-regulamentação das tarefas específicas do adolescente, o que se percebe é a existência de um "vácuo", que dá margem às mais diferenciadas interpretações a respeito de quais seriam as reais competências desses trabalhadores. De qualquer maneira, para os próprios adolescentes sobressai uma noção de *naturalidade* em relação à carga excessiva de trabalho que muitas vezes lhes é atribuída.

Além disso, é possível identificar nos depoimentos obtidos uma relação de causalidade proposta pelo adolescente trabalhador entre seu desempenho nas atividades atribuídas pela instituição e alguma característica que ele atribui a si próprio.

Se é bem-sucedido no cumprimento das tarefas propostas, ele relaciona isso, em primeiro lugar, a algum atributo próprio que o capacita para tal situação. Da mesma forma, o insucesso poderá ser relacionado a qualquer característica "negativa" que julgue ter. Fatores como falhas no processo de gestão não são vinculados a essa dissociação entre as atividades prescritas e as realizadas.

> Bem, tudo que eu faço eu procuro fazer bem-feito, com perfeição. Eu sou uma pessoa assim: eu não admito é o erro meu [...] quando eu trabalhei lá, eu ficava a maioria do tempo era no xerox mesmo, era difícil eu sair pra fazer alguma coisinha diferente. Quando eu não tava no xerox, eu tava no balcão de empréstimo. Gostava de trabalhar nos dois, nunca reclamei de nada, não, o que eu não gostava de fazer ali era só guardar livro. Guardar livro é aquele negócio: você suja a mão, suja a roupa, mas se fosse preciso também... Que nem na época de balanço: eu trabalhei numa boa, não reclamei, nunca falei nada, não. Agora, no xerox eu gostava porque é aquele negócio: você lida com o público. (B.R.W.)

---

6. Entendemos como muito importante a transcrição da fala completa desse entrevistado, por considerarmos que a riqueza do seu relato amplia a compreensão da complexidade de relações de trabalho no seu setor de atuação.

O processo de *formação profissional* permite ao adolescente estabelecer contato com o mundo da técnica, e esse modo de aprendizado, ainda que desorganizado ou informal, parece ser vivido com satisfação pelos adolescentes. Parte desse prazer pode estar relacionada exatamente à ampliação das possibilidades de identidade construídas pelo adolescente com base em sua relação com o trabalho.

> Acho que o tempo que eu trabalhei no xerox foi bom porque aprendi mexer com as máquinas, tem coisa nas máquinas que um técnico da xerox não sabe – macetes, manhas – que você vai pegando com o tempo, trabalhando, que nem um carro velho. Com um carro seu, você pode ser instrutor que você não leva ele beleza que nem eu. Era assim lá na máquina também, acho que eu conhecia mais que técnico [...]. É, aí eu já gostava daquele negócio, daquele serviço. (B.R.W.)

Treinamento

A questão de treinamento para os adolescentes entrevistados pode ser observada considerando dois momentos distintos: o primeiro, antes do exercício profissional propriamente dito, consiste na oferta do curso de *office-boy* pela Cruz Vermelha, que foi tratado anteriormente no item "O programa de profissionalização..." deste capítulo.

O segundo momento é representado pelas iniciativas de qualificação profissional a que o adolescente teve acesso (ou não) durante o tempo de trabalho. Tais iniciativas seriam sempre promovidas no âmbito da UFMG, uma vez que a Cruz Vermelha não propõe nenhum programa de treinamento depois que o adolescente está trabalhando.

Os depoimentos evidenciam a inexistência de uma política de capacitação e treinamento sistematizada e orientada por critérios mais duradouros. Os cursos realizados – aparentemente propostos por iniciativas isoladas de determinados gestores – concentram-se sobretudo na área de informática e são voltados predominantemente para o aumento da produtividade.

> [...] todo mundo me achava o maior peixe, porque eu tinha oportunidade que os outros não tinham de estar fazendo os cursos. Fiz curso de Autocad, fiz curso de PowerPoint, Excel, Word, fiz curso de DOS, de produção mecânica. Tudo pelo departamento. (H.P.C.)

Como exceção, existe a informação de um "curso"[7] na área de recursos humanos, do qual participaram funcionários do quadro efetivo da Universidade e trabalhadores adolescentes. O objetivo e o significado da proposta, no entanto, não parecem ter sido suficientemente esclarecidos.

> Depois que eu entrei pra aqui eu só fiz um curso, foi até com um psicólogo mesmo. Foi uma semana direto, um mês não sei, acho que era um mês, uma aula por semana, é, nós fizemos foi lá no [...] Museu de História Natural. [...] ficamos o dia inteiro e trabalhando é, relação de trabalho, esses negócios todos, perguntando, fazendo entrevista contando a vida, contava um caso da sua infância... Depois teve outro também [...] com outra psicóloga também. Aí ela já deu uns trabalhinhos escritos pra gente fazer, pra testar, sei lá, alguma coisa da gente aí. [...] deu uns negócios lá, é, por exemplo: [pausa] complicado, você tinha que descomplicar, entendeu? Deve ser para a desenvoltura, a capacidade da pessoa, deve ser isso. Eu acho que é isso. (N.C.J.)

Na maioria dos casos, os adolescentes percebem-se insertos no processo produtivo, com uma expectativa por vezes não muito clara de que cabe a eles aprender como seus antecessores aprenderam: na medida da execução do próprio trabalho, ou seja, *aprender fazendo.*

Por outro lado, esse aprendizado técnico, sem orientação, parece gerar ainda mais ansiedade nos adolescentes, que se defrontam com o medo de danificar equipamentos ou equivocar-se em procedimentos, sem conseguir avaliar exatamente quais as reais implicações desses erros.

Além disso, é possível observar que, em algumas situações, os próprios adolescentes tentam associar a ausência do treinamento ao contexto histórico e/ou político experimentado pela instituição, fazendo uma leitura um pouco mais crítica desse cenário.

> Eu fiz Windows, Word 95. Mas é porque eu não tinha tempo também... o departamento não tinha condições. A Universidade, acho que perdeu convênio com o Coltec, não sei se foi isso que ocorreu no período, mas eu só sei que houve um obstáculo que parou, entendeu? Eu fiz, foi até no Coltec

---

7. Por certo, trata-se de algum tipo de dinâmica de grupo e não exatamente de uma proposta de curso no sentido estrito do termo.

mesmo, um curso assim muito bom, os rapazes são pessoas excelentes mesmo. Eles procuram dar o máximo que podem, sabe? E é que nem eles falaram: "Para você aprender, tem que estar sempre continuando, mexendo no computador. O que você aprendeu hoje você vai treinando". E eu fiz isso durante um período, mas só que depois não dava também porque era chato, o computador era do departamento, às vezes eu ficava fuçando também, poderia dar algum problema. Então, por isso eu deixei mais de lado. Como eu mexia tanto assim nas coisas do departamento, poderia estragar, dar algum problema, perder algum documento importante. (F.H.E.)

Eu fiz DOS, Windows e Word. Aí teve uma época lá na escola que tava uma quebradeira, aí eles pararam de dar curso. Eu mexia muitas vezes no Excel, aí colocaram internet lá no setor, aí eu comecei a mexer na internet. Quando eu estava saindo eles colocaram o Access, só que eu aprendi muito pouco do Access. Eu tinha um certo receio de desconfigurar o computador e depois levar uma bronca da chefe... eu tinha receio de estragar o computador... (A.R.L.)

É importante compreender que essa "confusão" quanto ao processo de qualificação como aquisição de competências está intimamente relacionada ao distanciamento entre trabalho real e prescrito já discutido. Fica evidente que a ausência de um modelo de gerenciamento do trabalho adolescente acaba por transferir para o próprio trabalhador a responsabilidade explicativa sobre o êxito ou o fracasso do seu processo de formação, utilizando para tal os mecanismos de que dispuser, como negar conflitos ou idealizar relações.

Na UFMG lá não me ofereceram nenhum [curso], você acredita? Mais um azar que eu tive. Nenhum, mas eu é que não tive tempo mesmo, acho que não foi por falta de empenho do pessoal, não. É porque é complicado. Não fiz nenhum, lá na CCS. Acho que não fiz porque não teve, porque se tivesse acho que o pessoal ia me dar a maior força pra fazer. Não tive conhecimento de nenhum curso, não. Não sei se foi culpa minha, também deve ter, eu devia ter cobrado mais né? Não... acho que não, né? (F.S.C.)

Note-se a preocupação do adolescente em isentar os colegas ou gestores imediatos – ou seja, a própria instituição – da responsabilidade pela ausência de treinamento, o que pode representar uma maneira de preservar as relações afetivas criadas no contexto de trabalho.

A organização do trabalho

É possível identificar, em algumas situações, modos de reação dos adolescentes às formas de organização do trabalho implementadas na instituição abordada. Diante das dificuldades surgidas no gerenciamento das diversas situações de conflito ou impasse, o adolescente é chamado a elaborar suas próprias alternativas ou soluções, percebidas por ele próprio como adequadas ou não.

> Eu comecei a ter problema foi quando entrou a chefia da R. e da M. É aquele negócio: duas chefes, uma pensa diferente da outra, você pede pra uma, a outra não tá sabendo, falta de comunicação, né? A outra vem e te dá um sabão, você fala: "Eu avisei pra aquela". Aí uma vai pra brigar com a outra, então já tem aquele atrito. [...] Inclusive quando eu saí, um dia antes do meu aviso [prévio] vencer, eu precisei sair. Já tinha comunicado com a M. que eu ia sair. A hora que eu cheguei a R.: "Se você não quer trabalhar mais, você fala. Só porque é o último dia você não vem?", na frente de todo mundo. Eu falei: "Não, eu saí mas eu não saí sem ordem, a M. tá ciente disso". Ela: "Pois é, só a M. que é chefe, só ela que sabe". "Pois é, aí já é problema seu com ela, eu não tenho culpa. Pedir, eu pedi, agora você não tava presente." Acho que tinha que procurar chegar e [perguntar]: "O W., porque que ele não está aqui? Você deixou ele sair?". Parei e entrei pro meu serviço, debulhei serviço lá e deixei as duas conversando pra lá, não sei o que elas conversaram... Brigaram um tiquinho, aí voltaram as duas com a cara fechada... Mas tirando esses probleminhas assim, essa falta de comunicação, problema sério mesmo eu nunca tive com nenhuma delas, não. (B.R.W.)

Essas vivências de conflito espelham parte da dificuldade experimentada pela instituição em gerir relações de trabalho marcadas por uma estrutura em que as relações de poder são bastante complexas, configuradas por questões como *status* e condição social. O relato dos entrevistados aponta exatamente para a grande variedade de modelos de organização do trabalho, surgindo em situações que incluem horário de trabalho, divisão de tarefas e responsabilidades, entre outras.

> Trabalhava com a I. Ela era secretária-geral, ela comandava o protocolo... tinha a Á., que era a secretária da I. Ela era a que mais vigiava a gente. E tinha o W., e ele comandava o protocolo, na época. [...] Mas ele recebia ordens da Á. e da I. Tinha a M. que era da Cruz Vermelha junto comigo. [...]

ADOLESCÊNCIA E TRABALHO

> [Tive dificuldade] com o W., muita dificuldade com o W.! [...] O W. era demais, ele não deixava eu fazer, atrapalhava o meu serviço e não fazia o serviço dele. Foi a única coisa que saía errado no meu serviço, era por causa dele. Ele entregava documento errado e falava que era eu que entregava, e as meninas vinham em cima de mim, coisas assim. Eu mostrava para ela, chamava ela, chamava a pessoa pra quem ele entregou os documentos que não tinha sido eu. [...] A I. olhava quem que tava fazendo a rota na semana, porque qualquer coisa que desse errado na rota era responsabilidade de quem tinha feito, e tinha uma tabela da semana de quem tinha feito a rota. Então ela olhava e via que era ele e falava com ele. (C.B.V.)

As situações de conflito mencionadas trazem à tona um aspecto extremamente importante: o adolescente contratado pela Cruz Vermelha faz parte do conjunto de trabalhadores que não goza de uma prerrogativa que afeta profundamente a organização do trabalho na UFMG: a *estabilidade*. O fato de poder ser dispensado a qualquer momento do convênio contribui para a percepção do adolescente trabalhador como o "lado mais fraco" da situação de conflito, muitas vezes num contexto extremamente confuso, que se apresenta quando o adolescente tem de lidar com as diferentes possibilidades de organização de trabalho adotadas.

> Das tarefas, o mais dificultoso é atender várias pessoas ao mesmo tempo. Esse é o mais dificultoso, porque às vezes uma pessoa tem um serviço que é urgente e a outra mais urgente ainda. Então uma não quer ceder para a outra, aí você fica naquele impasse, então você tem que ter assim, no caso, uma paciência muito grande. Porque qualquer coisa que você possa falar, assim, que possa magoar e pode ofender também, então você tem que tentar fazer as duas coisas ao mesmo tempo sem reclamar. (F.H.E.)

As relações familiares reconstruídas no espaço profissional

Um elemento recorrente na fala dos adolescentes trabalhadores é a tentativa de reconstruir, no espaço da instituição, relações que tomam como referência o modelo familiar.

Algumas vezes, fica evidente a despreocupação em avaliar o porquê dessa reconstrução; o fato de que a chefe é uma "mãe" ou os colegas são "como irmãos" é aceito sem questionamentos. Em outros momentos, surge uma explicação causal que, no entanto, não chega a ser submetida a uma reflexão mais profunda.

> Nossa, vou falar uma coisa aqui: acho que por M.J. [chefe imediata] não ter filhos, ser solteira até hoje, nó, ela me trata como se eu fosse um filho dela. Ela preocupa demais! Se eu saio na rua com dinheiro, ela fica doida. Fala que quando eu chegar num lugar assim, que não tiver vale-transporte pra ir embora, é pra eu entrar em qualquer loja e pedir pra ligar pra ela aqui, se possível ela vai até me buscar. Ela, eu tenho como minha segunda mãe, cara, hoje em dia. Pra mim, na seção é o seguinte: a M.J. é minha mãe e a C. [colega] é minha irmã. É mesmo, aquelas ali, cara, o que eu puder fazer pela M.J. e pela C. eu faço, gente boa demais. A relação que eu tenho com elas é isso aí, a mesma coisa se fosse um, e ela me ensina muita coisa, me dá muita idéia na vida, questão de namoro, de estudar, de tudo. Ela conversa muito com a gente, conversa muito na seção. Se um tá com problema, outro chega e já ajuda. Igual o pai da C. agora: [a gente] tá ajudando o máximo que pode, assim na moral, a gente não pode ajudar em nada, isso aí a gente não ajuda, não, mas pelo menos dá uma força, né? E a M.J. é isso, cara, a M.J. é muito carismática, entendeu, pessoa muito simples, muito simples, mesmo, com ela não tem esse negócio de luxúria, não tem esse negócio de orgulho, muito simples, e é isso que ela passa pra mim. Pra mim, é uma segunda mãe. (N.C.J.)

O poder atribuído pelos adolescentes aos seus colegas e chefes sobre as suas próprias vidas é significativo. Problemas familiares e escolares são muitas vezes divididos e até mesmo administrados no ambiente de trabalho, atravessando limites e reconfigurando formas de interação entre adolescentes e adultos no espaço institucional.

> Vim trabalhar e eu vejo aqui como uma terceira família. Não vou dizer assim uma segunda porque a segunda geralmente todo mundo fala, é a escola, né? Porque lá você aprende muitas coisas. Então aqui eu vejo o pessoal, não como meus chefes mas sim como uma família. O que eu posso fazer que esteja ao meu alcance sempre estou disposto a fazer por eles. A I. é como se fosse uma mãe para mim. Eu era muito rebelde quando eu entrei aqui, quem me consertou mesmo foi a I. Eu tinha muitas dificuldades dentro de casa, relacionamento com meu pai, né? Com minha mãe, não. [...]. Teve uma vez que eu briguei com meu pai [...]. Eu saí de casa. A primeira coisa que eu pensei na minha cabeça era o suicídio. No outro dia eu fui lá em

casa, peguei minhas coisas e fui pra casa de uma tia minha bem longe. Minha mãe veio aqui no meu serviço chorando, falou com a I., que é minha patroa. A I. virou para mim e falou: "Você vai voltar para sua casa porque mãe é só uma e eu vi como é que sua mãe veio aqui. É de partir o coração, pode voltar pra casa mesmo e não faz isso com sua mãe, não, menino!". Aí eu acabei voltando para casa e, no caso, eu devo tudo a ela. Ela me instruiu bastante, a secretária. Acabou me tirando assim esses pensamentos que hoje em dia eu já não tenho, eu já procurei outras alternativas. (F.H.E.)

E o pessoal, na UFMG, é assim, o pessoal te recebe com muito carinho, essas coisas. Então, era muita mulher lá [no setor], aquele carinho todo. Então aí rapidinho eu peguei. Tive essa facilidade pra me familiarizar com o pessoal e talvez por esse lance mesmo das minhas irmãs, das quatro irmãs. Aí me familiarizei com o pessoal rapidinho, foi só alegria. (F.S.C.)

A escola

O início da escolarização

Os depoimentos sugerem que não há um padrão muito rigoroso dos processos de inserção dos adolescentes trabalhadores na escola. Alguns freqüentaram a pré-escola, outros ingressaram diretamente no ensino fundamental (até então primeira série do primeiro grau), usualmente em escolas públicas.

Fui para a escola quando eu tinha seis anos. Eu e meu irmão. Primeiro, fui para o prezinho, era bom demais! Quando passei para o primeiro ano, meu irmão foi para o pré e eu sempre tive dificuldades na escola, no sentido de gravar as coisas... até na parte de matemática mesmo, que é meu pior... (P.S.W.)

Fui pra escola com sete anos. Eu estudei lá no [bairro] P.B., né, na Escola Estadual. É, no começo eu não tive difi..., quer dizer, nunca tive muita dificuldade, porque por eu ter quatro irmãos mais velhos, eu sempre fui muito paparicado. Não fiz prezinho, nem nada, mas eu entrei com uma capacidade até eu acho que superior a quem fez. (F.S.C.)

No transcorrer da fala sobre a escolarização, há novamente uma interessante associação entre experiências vividas na escola e características assumidas pelos adolescentes como sendo da sua própria subjetividade, as quais vão ressurgir depois, durante a experiência de socialização por meio do trabalho. Algumas dessas "identidades atribuídas" (Ciampa, 1985) aparecem inclusive cristalizadas na dicotomia trabalho *versus* escola, por exemplo, o *malandro* (ou *folgado*) e o *dedicado* (ou *bom aluno*).

> Quando eu comecei na escola, eu lembro que eu era folgado demais. Eu era folgado demais. [...] gostava muito de fazer brincadeira, de fazer os outros rir, entendeu? Dar uma de palhaço dentro de sala pra fazer os outros rir e é isso aí. Queria brigar com todo mundo, aquelas coisas de menino mesmo, querer, tipo assim, curtir com todo mundo, entendeu, querer brincar com todo mundo. O cara apelava, eu não tava nem aí, brigava. (N.C.J.)

A escola constitui um dos principais eixos em torno dos quais o adolescente trabalhador vai construindo sua identidade. Analisando os depoimentos sobre a trajetória escolar, nota-se a percepção de um relativo "êxito" escolar que prevalece até determinado período, normalmente próximo da adolescência. A partir de então, diversos fatores, inclusive a questão do trabalho, se apresentam como fatores que podem provocar alterações nesse percurso.

Em outras palavras, pode-se dizer que o adolescente entende a sua formação escolar como resultado do confronto entre fatores que poderíamos agrupar em dois grandes sistemas: aqueles tidos como *endógenos* (como traços de personalidade, aptidões e dificuldades próprias) e os *exógenos* (e portanto aparentemente fora de seu controle, como professores, conteúdos e formas de avaliação). Embora não chegue a implementar essa classificação, o adolescente trabalhador percebe que todo esse conjunto afeta sua relação com o trabalho e é afetado pela experiência profissional. A correlação entre o trabalho e o desempenho escolar, na visão dos adolescentes, será avaliada com mais detalhes no próximo item deste capítulo.

> Eu comecei no jardim, na escola municipal que tem lá no bairro. Eu lembro que na época eu nem gostava muito, não, primeira vez eu chorei pra danar [...]. Da 1ª à 4ª série sempre fui beleza, na época eu tinha boa vontade para estudar e eu acho que não tem ninguém burro, tem o cara esforçado e o cara malandro. Esforçava bastante, passava só com notão, terceiro bimestre já tinha passado em tudo. Da 5ª à 8ª a mesma coisa, já estava quase chegando na 6ª, 7ª, você já começa afrouxar, agüentando a adolescência, você olha mais

para a menina que para o quadro, já começa a relaxar... Fiquei com umas duas, três notas vermelhas mas sempre passava, não ficava aquele cara que fica só em cima do muro, não, entendeu? Passava com dez de diferença... Agora, foi chegando no 1º ano, aquela preguiça, doido para sair, né? Aí eu já comecei a desleixar mais os estudos, fazia prova sem estudar, não esforçava nada, né? E, na época, foi quando meu pai comprou o caminhão dele, aquele entusiasmo em aprender a dirigir, queria ser motorista de caminhão de tudo quanto é jeito. Aí falei até que eu tinha passado já para começar a ir para o minério com ele, aí fui um tempão, matei aula pra caramba. Chegou no final do ano, situação crítica, né? Eu peguei aquela segunda oportunidade, que é aquela prova valendo 100. Aí eu sobrei, "não vou fazer, não". Decidi que não ia fazer porque eu sabia que não ia conseguir, né? Não fiz, repeti o ano, quando chegou no outro ano que era para mim repetir eu falei assim: "Ah, não, não vou continuar, não. Vou parar um ano, vou descansar". Minha mãe: "Que descansar, se você descansar você vai esquecer, aí você não vai nem querer mais depois". Falei: "Não, vou sim". Aí parei, fiquei um ano sem estudar e voltei agora no 1º ano de novo, mas agora eu voltei com mais garra, me empenhando mais. Não totalmente esforçado do jeito que eu era antes mas fazendo o suficiente para passar, entendeu? Minhas notas não estão muito ruins, mas tem uma vermelha lá para colorir a caderneta... (risos). Mas tá beleza, tá tudo sobre controle por enquanto... (B.R.W.)

[...] Com o professor, não. Ô, sempre fui um bom aluno, cara, apesar de eu ser assim é igual eu tô te falando, é, folgadão e tal, espaçoso, mas eu era um bom aluno. Eu fui um bom aluno, eu acho que eu sou um bom aluno ainda. Mas eu fui um bom aluno, bom mesmo, até a 8ª série eu fui um bom aluno. Nossa, principalmente quando chegou da 4ª até a 5ª, nó, fui bem mesmo. Não é que eu deixei de ser um bom aluno, não, entendeu. É porque, a escola que eu fui agora [...] é mais rígida, e você sabe que onde tem mais rigidez o pessoal se empenha mais nas coisas. Não é porque é dizer que é obrigado, mas ela tem o dever, entendeu. Nunca dei preocupação para minha mãe com esses negócios, não. Nunca. (N.C.J.)

Sobre a relação trabalho e desempenho escolar

Os relatos dos adolescentes evidenciam que, na percepção de muitos deles, o fato de estarem trabalhando não influenciou o desempenho escolar. Os problemas na escola são atribuídos a algum outro fator causal, de difícil delineamento, até e sobretudo para eles mesmos.

Um dos fatores que dificultam esse mapeamento é o fato de que o *trabalho* é carregado de valores e atributos morais, dos quais o adolescente muitas vezes não se percebe portador.

> O fato de trabalhar não atrapalhou o estudo porque o horário que eu largava aqui dava para eu ir pra casa. E até mesmo aqui onde eu tava trabalhando sempre que tinha trabalho – alguma coisa assim que valia mais ponto –, o chefe sempre liberava, né? Dava oportunidade de você fazer aquele trabalho, estudar para alguma prova, para alguma coisa, sempre sobrava tempo pra fazer. Nunca fiquei assim apertado ao ponto de não dar conta de fazer os dois juntos, não, sempre tive oportunidade de fazer os dois. Agora: costumava às vezes você ficar até mais tarde um pouco para ajudar aluno e, na hora de chegar, chegava um pouco atrasado nas aulas. Às vezes o professor não deixava entrar, você perdia uma aula por causa disso mas aí já não é questão de trabalho que atrapalhou, entendeu? Foi só caridade, você quis ajudar o cara, você não tinha obrigação de ficar, já tinha passado seu horário, ficou porque em consideração à pessoa, aí já não tem muito, muito mais a ver, não. (B.R.W.)

Apesar de ser evidente um discurso "de defesa" do trabalho – e mesmo da instituição – isentando ambos de qualquer responsabilidade em relação às eventuais dificuldades escolares, os adolescentes relatam o cansaço e a dificuldade de conciliar uma jornada de trabalho de oito horas com um turno de quatro horas de estudo, normalmente à noite.

> Assim, fora o cansaço que eu tinha... mas isso aí é normal... Mas, assim, atrapalhar, não atrapalhava, não. Porque meu horário eu sempre fiz questão de respeitar, sabe, nunca fui de chegar tarde. Trabalhava oito horas. Geralmente saía de lá 17 horas. Aí quando dava cinco horas, eu falava assim: "Ô, S., eu tenho que ir, tal, que hoje tem colégio". E isso eu não posso reclamar, não, que a S. sempre respeitou, sabe? A S., eu digo que ela foi minha protetora lá. Que se dependesse do pessoal, alguns, não tem noção, querem mais é resolver o problema deles e não querem olhar o meu. Aí eu falava: "Ô, S., tenho que ir, e tal, hoje tem aula, eu tenho prova". E ela sempre respeitou, "Não, pode ir C., pode deixar que eu tomo conta aqui, se precisar eu peço alguém pra fazer". [...] Às vezes não é nem para estudar, não, mas era para descansar para poder fazer a prova legal, sabe? Eu estudava no horário do almoço também... (F.S.C.)

[...] dormia dentro de sala de aula, tava acostumada a acordar meio-dia, então, acordava oito horas da manhã, acordava sete horas da manhã, vinha trabalhar e daqui, só que dava tempo de eu ir para casa, tomar um banho, ia para o colégio, mas dormia todo dia dentro de sala de aula, até os três primeiros meses. Mas depois peguei, peguei também e fiquei três anos estudando à noite. [...], não alterou em nada. Porque era praticamente os mesmos professores é a mesma matéria, então [...] dava tempo, no horário de almoço também dava bastante tempo, e depois das quatro horas também sempre dava, porque meu serviço já estava todo feito e era só o que chegasse para eu fazer. É, trazia minhas coisas de escola e estudava ali mesmo. (C.B.V.)

A saúde

A questão da saúde é percebida diferentemente pelos entrevistados. Alguns adolescentes relatam experiências de adoecimento no trabalho, muitas vezes relacionadas à ocasião do desligamento do programa.

Quando eu tava saindo... eu tive uma crise apendicular. Acho que é mais emocional, porque tava saindo mesmo. Até o pessoal lá que me trouxe, fiz ali o exame no Hospital das Clínicas e aí ela viu que era uma inflamação no apêndice, que não ia precisar operar nem nada, não. [...]. Ah, eu acho que [tem relação com o trabalho] sim, me apeguei muito ao pessoal lá! Aí, quando eu vi que não tinha jeito mais, foi, eu passei mal exatamente uma semana antes de sair. Eu ia sair na quinta-feira da outra semana. Na quinta-feira dessa semana eu passei mal. [...] na sexta eu não fui trabalhar. Fiquei o final de semana, voltei na segunda-feira muito abatido, mas não queria desperdiçar, não. Falei assim: "Vou ir trabalhar que é a última semana, quero curtir o pessoal lá". Aí eu acho que foi mais emocional mesmo, sabe? Porque geralmente quando eu fico nervoso – agora é que eu tô percebendo isso –, quando eu tenho que correr de algum cachorro, alguma coisa, me dói mesmo, o apêndice volta a doer (risos). Mas eu fiquei ruim, sabe? Fiquei ruim mesmo. Aí me levaram lá [...] e fiquei beleza. Passei o final de semana normal, na segunda-feira voltei muito abatido, trabalhei o resto da semana. Saí, não voltou a doer mais, não. Parou de doer. Parou de doer. (F.S.C.).

É também possível recolher elementos que relacionam determinados processos de adoecimento à sobrecarga de atividades de estudo regular e trabalho, complementada pela realização de cursos adicionais.

Eu tô tendo uns problemas agora, mas só que no caso não tá me atrapalhando em nada. Eu tô sentindo que eu estou começando a ter um desvio de coluna. Eu até falei com minha mãe que eu vou procurar um ortopedista pra ver quais os procedimentos que eu devo tomar daqui para frente para evitar que no futuro eu tenha problema maior, conseqüência mais grave [...]. Que nem eu fiz o curso de mecânica de autos, foi no começo do ano passado, acho que foi em julho ou maio. É, foi muito desgastante para mim, acho que foi dois meses se eu me lembro bem e nesse período eu achei que ia agüentar mas depois eu vi que era difícil. Saía, chegava de noite do colégio, aí dormia, levantava de manhã, ia para o serviço. Às sete horas já tinha abrido o departamento, uma hora eu tinha que estar lá no Senai. Eu tava saindo mais cedo, o pessoal tava me liberando mais cedo pra mim não perder o curso. Aí pegava o curso e ia até cinco horas da tarde. Cinco horas da tarde eu ia direto para o Senai. Então eu não tava tendo tempo nem para almoçar, tava lanchando. Você vai enfraquecendo, à medida que vai passando você vai enfraquecendo. Às vezes eu dava sonolência dentro da sala, aquela vontade de dormir. Às vezes dava aquela, aquela... apagada. Voltava e já estava em outra parte. Mas eu consegui concluir o curso. (F.H.E.)

Outros destacam a percepção de si próprios como "fortes" o suficiente para não serem afetados por nenhum fator ou situação, sendo tal atributo relacionado a uma capacidade própria, inata, herdada dos pais.

Graças a Deus, sou bom, sou igual a meu pai. Meu pai, eu vou falar pra você, ele bebe igual a um doido mais tem uma saúde de ferro, cara... Eu também sou assim. Esses negócios de saúde eu não tenho muito problema, não, nunca tive muito problema, não... Tive, mas sempre na infância, quando eu nasci mesmo, entendeu? Era muito doente, mas agora... Eu não sei o que que era não [...] Aí, depois disso, aí eu nunca tive muito problema, não. (N.C.J.)

O futuro: expectativas e possibilidades

O discurso dos adolescentes sobre o futuro inclui toda a rede social na qual estão insertos, mas a importância de um emprego é freqüentemente destacada e, nesse caso, o aspecto econômico é privilegiado. O vestibular e a consolidação de uma formação profissional dentro da Universidade também surgem como elementos integrantes desse planejamento.

Meus planos pro futuro, igual eu te falei: eu sou muito sonhador, sabe, meu sonho é ganhar na mega-sena (risos). Mas meus planos pro futuro... atualmente eu estou fazendo um estágio de Contabilidade [...] E eu estou fazendo estágio, agora não estou planejando muito, não. [...] Estou feliz de estar fazendo, sabe, porque é uma coisa que eu estou precisando mesmo. Com essa brincadeira, com esse estágio aí, eu consegui talão de cheque, consegui uma conta no Bradesco, né, que é convênio do CIEE, Centro de Integração entre as escolas. E estou aprendendo muita coisa lá, sabe? Porque no colégio você aprende a teoria, né, na prática é completamente diferente. [...] Tentar procurar um emprego legal aí, e dar o sangue mesmo por um emprego. E a única coisa que eu posso esperar mesmo do futuro é o vestibular mesmo, porque enriquecer trabalhando é muito difícil. Jogar bola, eu tentei, não deu certo, então... Roubar banco eu não tenho coragem... (risos). Então minha expectativa mesmo é continuar estudando, já que eu tenho essa facilidade mesmo. (F.S.C.)

[...] sempre gostei de ler, sempre fui muito curiosa, então, sempre tive esse negócio, sempre quis me formar pediatra, mas agora o ponto que eu quero fazer é arquitetura. [...] tem fotos da minha infância, maletinha de médico, sempre. Na adolescência... depois que eu mudei pro [bairro] S.G., começou a reformar minha casa. Nós compramos uma casa e começou a reformar, aí eu via muita coisa assim: decoração, arquitetura... Me interessei, comecei a me interessar, comecei a ler sobre, aí achei interessante e vou fazer arquitetura. (C.B.V.)

A percepção dos adolescentes quanto às chances de lograr êxito no vestibular surge atravessada por desejos e racionalizações que se manifestam reiteradas vezes no discurso. O cursinho pré-vestibular é percebido como uma necessidade para complementar as deficiências de uma formação escolar tida como inadequada ou insuficiente, mas ao mesmo tempo retoma a necessidade de trabalhar para poder arcar com os custos dessa formação complementar.

Ainda tô meio cru pra tentar vestibular. Mesmo depois que eu formar o 2º grau ainda vou fazer um cursinho preparatório pra ver. Mas é até aquele negócio, né? Um depende do outro. Até pra mim fazer o cursinho eu dependo de estar trabalhando. (B.R.W.)

O projeto que eu tinha era de conseguir emprego até o final do ano para, pelo menos, tentar o vestibular por experiência. Mas o projeto para o futuro é eu tentar achar um emprego, um trabalho legal que pelo menos sustente o cursinho que eu tenho que fazer. Porque para entrar na faculdade, para prestar o vestibular, eu tenho que fazer um cursinho. E o projeto que eu tenho para o ano que vem é fazer um intensivo, extensivo o ano todo. Ou então meio ano. Mas pra isso eu tenho que trabalhar para pagar o curso. E tentar vestibular para História. (P.S.W.)

As relações afetivas também são importantes nesse contexto. A necessidade de relacionar-se com a família de origem ainda está presente, mas surgem, na adolescência, novas perspectivas de interação até então não consideradas, como o namoro e o casamento. Atreladas a essas perspectivas estão todas as idealizações assimiladas dos grupos sociais, inclusive a noção de *estabilidade* vinculada ao emprego, que representa as possibilidades de aquisição de bens e mobilidade social.

Não tô falando que eu não penso em casar, não, eu gosto muito da minha namorada e tudo mais, eu tinha até vontade de casar com ela [...] mas acho que primeiro os dois têm que estar assim controlado. Acho assim, pra casar e morar de aluguel, pra casar e sei lá ficar, sem condições de dar um rolé no final de semana, não ter um carrinho pra sair, ainda mais quando vier os filhos, aí o bicho pega mesmo, então tem que estar firmado na vida. Tem que ter um emprego bom, bom mesmo. É muito difícil você ter um emprego bom hoje mas não é impossível, não, né não. Depois que você tiver um emprego bom e dinheiro assim pra casar mesmo, aí eu caso. Então por agora não dá nem pra pensar em casamento, agora não, mas eu penso em casar. Não sei que hora, não, mas eu vou casar. (N.C.J.)

As possibilidades de carreira citadas pelos adolescentes são construídas com base nas identificações com os modelos familiares e profissionais. Conseqüentemente, o discurso desses sujeitos reproduz a contradição vivida durante todo o programa de profissionalização entre *trabalhar* e *estudar*. É possível encontrar traços de identificação com determinados valores e práticas ideológicas possivelmente estimuladas nas relações de trabalho na instituição, que os adolescentes adotam como seus, na busca de firmar algumas referências de identidade.

Penso em fazer mecânica ou direito. Só que eu puxo mais para o lado de direito. Eu sempre sonhei fazer advocacia. Acho que advogado tem um porte bonito, não em si, pela profissão dele... que meu pai mesmo formou para advocacia, no entanto nunca defendeu nem acusou ninguém, nunca seguiu a profissão. Pelo contrário, tá mexendo com o caminhãozinho dele, nem no ramo ele acho que não entrou. Só formou mesmo por formar mas eu não, eu quero formar e dar seqüência. Montar um escritório beleza. Agora, se não der pra fazer direito, vou ver se eu faço mecânica. Mecânica é aquele negócio que você pensa muito, né? Até feder, esturricar. Gosto de coisa assim, difícil de você fazer, mas é aquela coisa difícil que você sabe que não vai ter tanta concorrência, né? Ninguém vai competir com você. O negócio é difícil de chegar lá. Quem chegar, é, pode comemorar pro resto da vida. (B.R.W.)

Então a única coisa que hoje em dia me preocupa mesmo é mais o bem-estar da minha mãe. Porque dinheiro para mim hoje em dia não é tão importante. Enquanto eu puder crescer no meu lado profissional, graduando também na parte escolar, eu vou crescer. [...] Por exemplo: se eu puder fazer um curso de Inglês, eu vou perseguir, perseguir até dominar, seria uma coisa muito interessante para mim. Porque às vezes o que o meu patrão não puder fazer eu posso fazer por ele, uma coisa muito legal isso, né? E que também possa me ajudar, porque à medida que eu for graduando em alguma coisa vai me ajudando. [...] Para mim é prioridade. [...] Emprego até que não. E é que nem eu estou te falando, para mim vai ser mais importante a área de curso, porque o que está contando hoje em dia no mercado de trabalho não é às vezes você saber operar, mas você saber as causas e as razões. É muito importante. Estou falando de cursos de várias áreas. [...] Eu quero ter conhecimento em várias áreas, dominar, poder dominar várias áreas, não só uma. Porque na hora que aquela ali falhar tem outra para onde correr. Eu penso dessa forma. Vai ter sempre saída pra mim, vou procurar sempre me graduar por conta disso. Pra poder achar uma saída na hora que não houver outra. (F.H.E.)

As identidades e a metamorfose

Dentro das mais diversas categorias propostas para essa investigação, fica claro que os adolescentes utilizam as percepções de si próprios como referência causal para diversas situações experimentadas no trabalho e fora dele. A subjetividade é trazida reiteradas vezes para tentar explicar ou justificar procedimentos, conflitos, estratégias e argumentos, confirmando ou negando identidades atribuídas anteriormente.

[...] eu sempre tomava a iniciativa. Teve um dia que a gente tava conversando, lá, a turma tava comendo, bebendo e tal, e aí ela [uma colega] falou assim: "Ah, tem uma coisa que eu gosto no C., é essa iniciativa dele. A gente fala uma vez, as outras ele mesmo faz". Eu sempre dei muita idéia lá, assim: "S., eu acho que tá muito complicado esse negócio de cada um passar o serviço pra mim. Eu fico meio perdido. Acho que todo mundo devia passar o serviço pra você, e aí você me passa". Porque eram vinte e tantas pessoas. Se cada um passar um serviço pra mim, eu fico meio perdido. Porque eu quero ajudar todo mundo, sabe? Mas fica difícil, né, ajudar todo mundo. O tempo... o dia é curto, né? Aquela correria toda, aí eu falei assim, dei algumas idéias pra ela. Acho que eu até ajudei ela, no segmento de trabalho dela. (F.S.C.)

Ao mesmo tempo, conseguem demonstrar, usando diferentes expressões, os possíveis impactos da inserção no mundo do trabalho na sua própria subjetividade, tentando alinhavar seus papéis na rede de relações sociais a que estão vinculados. Nesse sentido, a conquista da *responsabilidade* apresenta-se como um fator quase unânime no discurso dos entrevistados, muitas vezes citado como fruto primordial da inserção no programa de profissionalização.

[...] eu até ia citar: esse negócio de quando você começa a trabalhar, o que é que muda quando a pessoa começa a trabalhar. No meu modo de ver aqui, acho que a pessoa pega muito mais responsabilidade, entendeu. A pessoa cresce, a pessoa fica mais adulta depois que ela começa [a trabalhar]. Eu pelo menos sou assim. [...] pode dizer que eu não era tão responsável igual eu acho que eu sou agora. [...] quando eu entrei aqui falei assim: "Nó, vou ser o *boy*, é correio, é banco, enfrentar fila o dia inteiro, levar e pegar correspondência". Eu quase não faço serviço de *boy*. [...] se eu sair daqui eu sei muito bem trabalhar com vendas, com compras, sei trabalhar com digitação, sei mexer com informática, conheço muitas peças de informática. Hoje em dia [...] de tanto eu ler os pedidos aí eu já conheço [...]. Na área de informática, por exemplo: se um micro tá precisando de um HD. Tem HD de 16, 32, 64... quando eu entrei pra cá eu nem sabia o que era HD. [...] Acho que prepara muito, pelo menos onde eu estou. Eu sei que tem setor que a pessoa entra de um jeito e saí do mesmo jeito, cresce muito pouco, muito pouco mesmo, não vou citar não, cresce muito pouco. Agora na minha seção, a pessoa tem que ser curiosa. Aí aprende muito. (N.C.J.)

A conquista dessa "capacidade" é mediada pelo exercício de diferentes possibilidades: ser *boy*, ou *servidor público*, ou ainda *Cruz Ver-*

melha, e tentar equacionar toda a carga de conflito que representa assumir cada um desses papéis, visualizados isoladamente ou em conjunto. A identificação com esses diferentes papéis traz ainda a questão da discriminação da qual são alvo, atrelada às relações de classe e poder dentro da instituição.

> Uma vez eu lembro que eu fiquei bravo com ela [uma colega de trabalho] porque... acho que eu saí. Eu avisei onde que eu ia, eu tava indo no banheiro, e porque eu demorei um pouquinho mais foi chegando aluno, foi lotando e eles começaram a reclamar. Ela virou e falou assim: "Ele saiu para passear por aí. É assim mesmo, ele tá achando que é servidor público", tal, comentou com os alunos. Aluno geralmente... lógico, eu no lugar faria o mesmo, né? Ela é porteira, trabalha comigo, falou isso, quem vai duvidar? Foram lá dentro e reclamaram. (B.R.W.)

> Professores acham que a gente é... que eles são donos da gente, que a hora que eles piscar a gente tem que estar do lado deles. Acham que podem mandar, falar o que eles querem, principalmente professores. Funcionários não, mas os professores [...] acham que a gente tá ali só para servir eles. [...] Pros professores a gente tava ali ocupando espaço, não fazia nada, ficava o tempo todo livre. Mas, para os funcionários, eles viam que a gente ajudava em muita coisa, então eles tinham muito respeito. Os professores não. Alguns, né. Alunos, acho que eles nem sabem o que que é Cruz Vermelha. Aqui, pouquíssimos. Os que têm contato com os Cruz Vermelha sabem os que são Cruz Vermelha e os que não são. Mas os que não têm nem sabem o que que é. Acham que é funcionário ou contratado da escola. (C.B.V.)

> [...] tem pessoas muito legais [na Universidade]. Tem uns que são agressivos... Teve um aluno que recebeu ajuda financeira pra executar um trabalho e esse aluno chegou lá de uma forma muito agressiva. Queria até pular em cima da gente, bater, ele tava falando de um jeito tão agressivo... Ele estava gritando com a gente.... a G. [chefe imediata] começou a chorar. Em relação a alunos, tem uns que nem conversa com você, tem outro que conversa. Eu fiquei, assim, chocado com a atitude dele. Ele tava achando que, porque ele estava fazendo engenharia, ele tinha curso superior, ele podia humilhar as pessoas. [...] ele já chegou gritando, batendo no balcão, que a gente tinha que dar conta do dinheiro dele. Ele tinha ganhado... Eu sou o tipo de pessoa que, se você gritou comigo, eu grito com você também. Aí eu fiquei na minha. Aí ele foi embora e não voltou mais, não. (A.R.L.)

5

Análise dos dados

A análise dos dados obtidos nas entrevistas com adolescentes egressos de um programa institucional de profissionalização revela, desde os contatos iniciais, um universo extremamente diversificado, tanto nas formas de apresentação quanto nos conteúdos (latente e manifesto).

O exercício do papel *trabalhador*, nas suas múltiplas expressões – *boy, Cruz Vermelha, funcionário público* –, em concomitância com a manutenção de outros papéis – *aluno, filho, adolescente* – caracteriza o que Erikson (1976) chamou de *confusão de papéis,* que se apresenta como a tentativa de elaboração de conflitos básicos para construção de um piso de identidade pelo próprio adolescente.

Os dados evidenciam a importância de se compreender que as relações experimentadas pelos adolescentes no momento de sua inclusão no mundo do trabalho se constituem em pelo menos dois níveis institucionais diferenciados: o primeiro, definido pelo contato com o que chamamos *instituição formadora* (no caso, a UFMG); e o segundo, estabelecido pela relação com o que denominamos *instituição intermediadora* (aqui, a Cruz Vermelha Brasileira). Nesses dois níveis, marcados pelas especificidades de cada instituição, é criado o contexto em que as relações são experimentadas, delimitando e caracterizando os diferentes papéis vividos pelos adolescentes.

Este trabalho também nos permitiu perceber que os adolescentes que vivenciaram relações de trabalho na UFMG, dentro do Convênio com a Cruz Vermelha, na segunda metade dos anos de 1990, podem ser vistos como representantes de toda uma geração de pessoas marcadas por uma noção de *trabalho* intimamente ligada ao conjunto de valores básicos de vários segmentos da sociedade brasileira atual. O trabalho é experimentado como elemento ordenador de relações grupais e formador de caráter, ao mesmo tempo. Além disso, é carregado de significação afetiva, de tal maneira que permite a tentativa de reconstrução de laços familiares no contexto institucional.

Observando a célula familiar básica da qual esses adolescentes se originam, podemos verificar que ali pai e mãe trazem o *trabalho* como um pilar de sustentação da própria identidade. Os adolescentes inevitavelmente fazem referência ao trabalho desenvolvido pelos pais, adjetivando tais atividades com considerações mais ou menos idealizadas, muitas vezes refletindo os valores do próprio grupo familiar. Seria possível compreender que a importância atribuída por Mead (1982) aos chamados *outros significativos* encontra-se aqui corroborada.

Entendemos, portanto, que durante o processo de *socialização secundária* dos adolescentes trabalhadores diversos mitos compartilhados pelo grupo social foram ratificados e consolidados. Estar inserto no sistema produtivo, permitindo-se adquirir bens considerados até então como "supérfluos", parece ser a expectativa de êxito projetada pelos pais em relação aos filhos, que evidentemente se viabiliza mediante a inserção no programa.

Muitas vezes, o processo de seleção é efetivado pela indicação proveniente de funcionários em exercício na própria instituição formadora, quer sejam eles do quadro efetivo ou terceirizados. São filhos, sobrinhos, irmãos, vizinhos, conhecidos de pessoas que guardam algum tipo de relação de trabalho com a Universidade e com uma consideração adicional: a prevalência dessa situação para alguns segmentos profissionais da instituição, com a ausência de outros.

Pode-se afirmar que o programa de profissionalização alcança, hoje, dentro da instituição formadora, uma visibilidade significativa por parte dos atores sociais ali presentes. Mas é exatamente o recorte por classes sociais que vai demonstrar que essa visibilidade é apreendida mais facilmente por determinado grupo social o qual reconhece no *trabalho adolescente* um valor a ser implementado e interfere em suas próprias vidas.

Para alunos e professores – atores sociais unidos à instituição formadora por vínculos diferenciados – a possibilidade de implementação de uma relação de trabalho entre UFMG e adolescentes não parece traduzir-se como relevante. Ou, pelo menos, essa é a percepção dos adolescentes em relação a esses segmentos, uma vez que os relatos obtidos não permitem observar um nível de participação mais expressiva desses grupos no processo de profissionalização dos adolescentes. Observamos, por exemplo, que são raros os adolescentes que ingressaram no programa de profissionalização mediante indicação de alunos e professores.

Percebemos também que a interação de aspectos subjetivos e objetivos no contexto da formação profissional em uma instituição mobiliza elementos afetivos que possibilitam a sustentação de novas configurações da identidade adolescente. Ao mesmo tempo, essas reformulações operacionalizadas pelos adolescentes vão repercutir de forma intensa no seu agrupamento familiar, levando a uma revisão de mitos, conceitos, valores e até mesmo de representações da realidade.

Talvez possamos nos arriscar a pensar que o conceito de *metamorfose* proposto por Ciampa (1985) deve ser considerado também atrelado à rede social na qual o adolescente trabalhador se encontra inserto. Valendo-nos de uma metáfora, teríamos assim a compreensão de uma *metamorfose social*, imaginando que o casulo da borboleta, por se constituir de elementos afetivos, ideológicos, morais, entre outros, afeta de forma significativa a árvore na qual se apóia.

Outra questão básica: a instituição formadora tem como *produto* o conhecimento. Assim, é claramente identificado pelos adolescentes, no decorrer de sua experiência profissional, que a Universidade oferece um amplo espectro de formas de produção de conhecimento, cabendo-lhes descobrir estratégias para interagir com esse *produto* que, afinal de contas, também é fruto do seu próprio trabalho.

Nesse sentido, fica evidente que a ausência de uma política sistematizada de treinamento e capacitação, tanto por parte da instituição formadora quanto da intermediadora, repercute fortemente nos adolescentes trabalhadores, que se percebem alijados do acesso ao principal produto apresentado pela instituição onde trabalham – o *conhecimento*.

Quando depara com alguma proposta de realização de cursos ou qualquer outro tipo de qualificação, o adolescente tende a identificar aí uma iniciativa isolada, sendo possível que os fatores causais dessa "oferta" sejam relacionados a si próprio ou, comumente, às relações afetivas que estabeleceu no grupo profissional. Assim, temos chefes e gerentes que são tidos como "mães" e "pais" não apenas na questão da qualificação, mas em diversos outros aspectos. De que outra maneira considerar o fato de que ele consegue cursos e os outros adolescentes não?

Curiosamente, porém, o fracasso e/ou a interrupção das eventuais propostas de capacitação apresentadas não é atribuído à própria instituição, que parece ter de ser "preservada" de alguma maneira. Se a instituição formadora está tão "carregada" de vínculos afetivos – personificados nas relações interpessoais firmadas pelo trabalho –, a quem poderá ser atribuída a culpa pela expectativa não atendida? Resta ao adolescente responsabilizar algo – a situação mundial, por exemplo – ou alguém – ele próprio – pela não-consecução de ao menos um ideal proposto inicialmente: o acesso à qualificação.

A *necessidade de aprender o serviço*, utilizando como referencial o desempenho e a informação de outro trabalhador, nem sempre capacitado para essa função, somente contribui para enfatizar o aspecto subjetivo dessa formação. Portanto, se não aprender direito, a culpa é dele. Na melhor das hipóteses, poderá ser dividida com aquele que o treinou. Que, por sua vez, poderá alegar também não ter sido treinado...

Esse é um dos aspectos que mais diretamente colidem com as proposições estabelecidas no plano jurídico para as condições de trabalho adolescente, especificamente para o conceito de *trabalho educativo*, proposto pelo Estatuto da Criança e do Adolescente, no qual o aspecto de formação prevalece sobre a necessidade de produção.

As atribuições apresentadas pela instituição formadora para os cargos ocupados pelos adolescentes também carecem de melhor definição. Da mesma maneira que o treinamento, o vácuo existente na configuração mais precisa das atividades previstas para os adolescentes – sempre contratados para o cargo de auxiliar de serviços gerais – acaba por permitir um leque muito mais amplo do que estava previsto e deixa brechas flexíveis o suficiente para permitirem paradoxos extremamente perniciosos, que vão desde a sobrecarga de tarefas ao baixo aproveitamento do potencial de trabalho do adolescente.

Nesse ponto, pudemos observar um aspecto interessante: apesar de desempenhar um rol de atribuições muito superior àquele originalmente proposto, os adolescentes trabalhadores não têm consolidada a noção da importância do seu trabalho na instituição. Acolhem e reproduzem muitas vezes um discurso discriminatório, que tende a desqualificar a sua força de trabalho, baseado principalmente na transitoriedade e na "pouca experiência".

Assim, a padronização em um único cargo e a multiplicidade de tarefas possíveis de ser atribuídas ao adolescente trabalhador, embora possam apresentar-se como aparentemente vantajosas para o gerenciamento das instituições promotoras do programa, deixam em aberto aspectos que podem reverter-se em questões preocupantes, como a saúde e segurança no trabalho e a sobrecarga de atribuições. Mais do que isso, dificultam a efetivação de critérios para avaliação do trabalho adolescente, que ficará exposto novamente à rede de relações afetivas implementadas na instituição.

Estamos sugerindo que determinadas formas de organização do trabalho, particularmente as adotadas por programas de profissionalização de adolescentes em instituições, podem ampliar o aspecto crítico da formação da identidade adolescente, nos termos previstos e já mencionados por Erikson (1976, p. 130).

Retornamos, portanto, à evidente necessidade de implementação de uma política de recursos humanos que leve em consideração as especificidades do trabalhador adolescente e suas relações na instituição, de modo que lhe ofereça realmente uma experiência de *trabalho educativo*, com foco privilegiado para sua formação humana e para o aproveitamento mais significativo de suas potencialidades.

Podemos utilizar como exemplo a questão da *profissionalização*. Na sociedade brasileira atual, a formação profissional do jovem de classe média não é atribuída ao grupo familiar, mas é delegada a *outrem* (nesse caso, às instituições formadora e intermediadora). Quando muito, cabe à família providenciar para que o adolescente tenha acesso a essas instituições, conjugando aspectos subjetivos (como a *proatividade* do adolescente) e aspectos coletivos (como a capacidade de o próprio grupo familiar se mobilizar e conseguir algum *apadrinhamento* para inserção institucional).

A percepção dos adolescentes portanto é de que desses aspectos – aliados a outros vetores mais imponderáveis, como "sorte" – resultará o fato de ter sido escolhido para participar do programa ou a definição do setor de trabalho. Pelo observador essa ainda é a concepção de formação profissional que permanece, portanto, ainda dissociada de um contexto histórico-social e político.

Por tais motivos entendemos que a inserção dos adolescentes em programas institucionais de profissionalização deve estar consolidada dentro de um projeto abrangente e, tanto quanto possível, multidisciplinar, de maneira que atenda satisfatoriamente à pluralidade de questões vividas pelos adolescentes e, por que não dizer, pela própria instituição. Negligenciar tais preocupações significa assumir uma noção de *formação profissional* que termina por incluir elementos próprios de uma óptica restrita em um discurso demasiadamente funcionalista, que propala a necessidade de atender a um mercado tido como cada vez mais exigente e, sem dúvida, perversamente excludente.

Outro ponto: a reconstrução das relações familiares dentro da instituição formadora certamente permeia o trabalho adolescente, que, de nenhuma maneira, se reduz ao contrato legal firmado com a instituição contratante ou intermediadora. Desde os primeiros contatos, é dito ao adolescente que o contrato tem término definido no momento em que ele completa 18 anos. Apesar disso, o desligamento é vivido com angústia intensa, que acaba por encontrar expressão nos sintomas físicos e/ou emocionais mais diversos.

Muitas vezes encontramos os próprios ex-colegas do adolescente participando do processo de manutenção do atributo *trabalhador* na identidade do jovem. Essa condição poderia se efetivar, grosso modo, de duas maneiras:

- o adolescente passaria a integrar o quadro de funcionários terceirizados da *instituição*. Como a possibilidade para tal se daria mediante um contrato temporário, esse adolescente passa a defrontar-se com uma situação angustiosa: lutar para permanecer vinculado à instituição formadora, agora sem o vínculo daquela instituição intermediadora.* Para isso, é necessário renunciar à até então supervalorizada perspectiva de *estabilidade*; ou então,
- o adolescente seria encaminhado – por processos semelhantes aos de ingresso na instituição formadora, ou seja, por indicação – para alguma relação de trabalho em outro contexto, agora provavelmente no setor privado. Nesse caso, deverá lan-

---

* Nessa situação, a relação de trabalho do trabalhador com a UFMG será agora mediada por outra instituição – usualmente uma fundação – gerando nova configuração da sua identidade profissional: prestador de serviços.

çar-se no cipoal da competitividade do setor privado, com o qual ele usualmente ainda não travou contatos mais diretos e que, muitas vezes, não recebe com bons olhos os trabalhadores egressos do setor público.

A amostra com a qual trabalhamos, ainda que não possa validar estatisticamente determinadas conclusões, referenda os cenários apresentados anteriormente: até o momento da realização desta pesquisa, nenhum dos ex-trabalhadores da CV entrevistados estava fazendo curso superior. A maior parte ainda mantinha suas proposições iniciais de fazer um curso pré-vestibular e tentar arrumar um *emprego* que viabilizasse esse mesmo curso.

A intermediação da relação de trabalho por outra instituição – no caso a Cruz Vermelha Brasileira/Seção Minas Gerais – é objeto de certa confusão por parte dos adolescentes. Apesar de ser por intermédio dela que o trabalho se viabiliza, a Cruz Vermelha é vista pelos adolescentes como um *provedor*. É ela quem realiza o pagamento do salário, entrega o vale-transporte, disponibiliza o uniforme, providencia e orienta para o atendimento de todos os aspectos jurídicos. Entretanto, o contato usual com a instituição se dá mediante condições extremamente funcionais: contratação, recebimento, desligamento ou, excepcionalmente, advertências.

Ainda assim – ou até por isso mesmo – os adolescentes em exercício na UFMG recusam-se a utilizar o uniforme da Cruz Vermelha, sob a alegação de que é muito feio e "os diferencia" dos demais membros da Universidade. Como o uso do uniforme na UFMG é característica própria apenas dos trabalhadores terceirizados responsáveis por funções bem específicas (vigilância, portaria, limpeza e conservação), os adolescentes *brincam* com a idéia de pertencimento a outro grupo: o dos alunos universitários. É interessante para eles contar com a possibilidade de, se necessário ou vantajoso, *parecer* ser um aluno da UFMG e não ter a obrigatoriedade de se *identificar* como um *Cruz Vermelha*.

Poderíamos refletir um pouco mais sobre as implicações de assumir essa identidade – Cruz Vermelha – no âmbito da instituição. Recorrendo ao conceito de "outro generalizado" – e às noções de estabilidade e continuidade que traz acopladas –, perceberemos que *ser Cruz Vermelha*, na UFMG, é situação de uma transitoriedade dolorosamente concreta. Por outro lado, *parecer aluno* pode ser uma maneira de tentar lograr o inevitável: o fim da relação de trabalho e o corte de um vínculo carregado de significação afetiva.

Reforça nossa análise o recrudescimento dos processos de adoecimento demonstrados pelos adolescentes ao se desligarem do programa de profissionalização. De maneira mais ou menos intensa, essas manifestações espelham o alto nível de envolvimento com colegas, chefia, lugares, rotinas, procedimentos e situações, e de certa forma traduzem a angústia da perda dessas relações que sustentam parte de sua própria identidade.

Articulada a essa questão da reconstrução de significações e valores identitários, encontramos a relação com a escola crivada de conflitos, dos quais os adolescentes nem sempre guardam tanta clareza ou consciência. A temática da educação também é atravessada por diversos discursos, muitas vezes assimilados com todas as contradições e sem muita crítica, mas sempre mediada por um confronto básico sobre qual deve ser a prioridade do adolescente: trabalho ou estudo?

Como um dos elementos mais evidentes do processo de *socialização secundária*, a escola, até antes da inserção no mundo do trabalho, não apresentava para o adolescente tantos elementos passíveis de crítica ou questionamento. Munido de outro referencial de aprendizado, de autoridade, e agora marcado por uma lógica diferenciada – capital *versus* trabalho –, o adolescente, embora não tenha clareza disso, permite-se questionar mais e até mesmo avaliar o seu processo de construção do conhecimento. Para tal, utiliza ferramentas nem sempre adequadas, como a articulação com a funcionalidade exigida em um futuro ainda bastante indefinido ("Isso vai me servir para o quê?").

Como já dissemos, essa estratégia, na verdade, encontra ressonância em um discurso liberal, bem reforçado na contemporaneidade – que enfatiza a necessidade inadiável da qualificação constante do trabalhador. De certa maneira, isso nos leva de volta à questão já abordada do aspecto *educativo* da experiência profissional, principalmente no âmbito de uma instituição pública de ensino superior.

Para muitos adolescentes trabalhadores, a escola não passa de um requisito necessário para atender a uma exigência legal que lhes permita continuar trabalhando. Não parece existir entre a instituição *escola* maior proximidade nem com a UFMG nem com a Cruz Vermelha, embora a condição de estudante seja fundamental para a permanência do adolescente no programa.

Assim sendo, enquanto a permanência do adolescente no processo de educação formal se mantém no âmbito do quesito burocrático, é possível encontrar as mais diversas estratégias usadas pelos adolescentes para lidar com tal exigência, utilizando inclusive as possibilidades adquiridas nas relações de trabalho. Os atos de solicitar ao chefe imediato que justifique o não-comparecimento às aulas ou apresentar um atestado de matrícula e faltar às aulas no restante do semestre podem ser vistos como estratégias eficientes no trato com os canais burocráticos propostos pelas instituições promotoras do programa.

Utilizando a perspectiva de Erikson (1976), com a proposição do conceito de moratória, teremos tal situação experimentada de maneira muito específica por esses adolescentes dentro da instituição: existe, sim, uma tolerância à sua inserção no modo de produção capitalista, mas esse momento é extremamente empobrecido em relação ao aproveitamento das situações que poderiam ser criadas para que o programa se tornasse realmente *formativo*.

Para tal, devem-se propor alternativas de interlocução que privilegiem o lúdico, enriquecendo os papéis e ampliando o rol de personagens a serem vivenciadas pelos adolescentes, de maneira que a imersão no trabalho não os excluísse do mundo das artes, dos esportes, das brincadeiras, das políticas ou das histórias.

As iniciativas isoladas de grupos e pessoas que buscam enriquecer a experiência de profissionalização do adolescente têm colhido o seu inegável mérito, ao mesmo tempo que se distinguem pelo esforço para vencer o isolamento que caracteriza o espaço institucional onde estão insertas.

Fica claro que a *rede* social na qual o adolescente trabalhador está inserto é múltipla, extremamente complexa e carregada de contradições. Se as instituições envolvidas não conseguirem estabelecer um diálogo mais próximo, mais coeso, corremos o risco de não aproveitarmos recursos e esforços despendidos por elas tanto quanto seria possível. Para lograr um real aproveitamento de todas as possibilidades, é imprescindível firmar esse espaço de conversação, incluindo um interlocutor cuja fala até agora tem sido pouco privilegiada: o próprio adolescente.

Considerações finais

A pesquisa corrobora portanto a afirmativa de que a experiência de inserção no *mundo do trabalho* pode se constituir como excelente oportunidade para a formulação de uma identidade eivada de princípios éticos, configurada por uma participação mais lúcida de cada um dos atores sociais envolvidos no processo.

Para que isso aconteça, essas iniciativas devem estar permanentemente atentas às especificidades desse conjunto de trabalhadores. Os programas devem ser estabelecidos de modo que mantenham sensibilidade para perceber as diversas falas dos adolescentes, refletindo sobre elas e incorporando-as o quanto possível. Canais de expressão devem estar permanentemente abertos para permitir o diálogo entre adolescentes, famílias e instituições, além de buscar o envolvimento de parcelas mais amplas da sociedade, como o poder público, as organizações não-governamentais e o setor privado.

Ao aperfeiçoamento das práticas já implementadas relaciona-se, na verdade, um amplo conjunto de situações, direta ou indiretamente ligadas à questão do trabalho adolescente, que pedem, de maneira cada vez mais urgente, a atenção de toda a sociedade. Dentre várias, podemos citar:

- o recrudescimento da violência urbana gerada pelo aumento do desemprego;

- o aumento considerável de adolescentes grávidas;
- a dificuldade em implementar políticas de qualificação de trabalhadores;
- o real comprometimento das instituições públicas e privadas com a responsabilidade social, em seus diferentes aspectos.

O estudo dessa temática sugeriu-nos também algumas lacunas, que nos levam a pensar no desenvolvimento de pesquisas ulteriores, que possam vir a enriquecer a prática do trabalho do adolescente:

- a vinculação entre trabalho e educação na adolescência;
- o sentido de educação profissional na atualidade;
- a relação entre trabalho dos pais e escolha profissional;
- as diferentes possibilidades de elaboração de estratégias defensivas por parte dos trabalhadores adolescentes.

Referências bibliográficas

AFONSO, Maria Lúcia Miranda. *A polêmica sobre adolescência e sexualidade*. 1997. Tese (Doutorado em Educação) – Faculdade de Educação, Universidade Federal de Minas Gerais, Belo Horizonte, 1997.

ALVIM, Rosilene. O trabalho infanto-juvenil em discussão. In: MARTINS, H. S.; RAMALHO, J. R. (org.). *Diversidade e negociação no mundo do trabalho*. São Paulo: Hucitec/Cedi/Nets, 1994, pp. 121-36.

ANTUNES, Ricardo. *Adeus ao trabalho? Ensaio sobre as metamorfoses e a centralidade do mundo do trabalho*. São Paulo: Cortez; Campinas: Unicamp, 1995.

ARENDT, Hannah. *A condição humana*. 6. ed. Rio de Janeiro: Forense Universitária, 1993.

ARIES, Philippe. *História social da criança e da família*. Rio de Janeiro: Guanabara Koogan, 1981.

BERCOVICH, Alícia M.; MADEIRA, Felícia R.; TORRES, Haroldo G. *Mapeando a situação adolescente no Brasil*. São Paulo: Fundação Seade, 1997 (mimeografado).

BERGER, Peter; LUCKMANN, Thomas. *A construção social da realidade: tratado de sociologia do conhecimento*. Petrópolis: Vozes, 1976.

BLEGER, José. *Temas em psicologia: entrevistas e grupos*. São Paulo: Martins Fontes, 1991.

BONAMINO, Alícia *et al*. Educação-trabalho: uma revisão da literatura brasileira das últimas duas décadas. *Cadernos de Pesquisa*, São Paulo, n. 94, p. 57, 1993.

BRASIL. Ementa Constitucional n. 20. Modifica o sistema de previdência social, estabelece normas de transição e dá outras providências. *Diário Oficial da União*. Brasília, 16 de dezembro de 1998.

BRASIL. Lei n. 8.069 – 13 de julho de 1990. Dispõe sobre o Estatuto da Criança e da Adolescência e dá outras providências. *Diário Oficial da União*, Brasília, 16 julho de 1990.

CADASTRO das Iniciativas Não-Formais de Educação de Adolescentes. Relatório Nacional/Fundação Maurício Sirotsky Sobrinho e outros. Salvador, 1997, v. 1, p. 16.

CARVALHO, Maurício M. Formação para o menor trabalhador. *Boletim Técnico do Senac*. Rio de Janeiro, v. 2, n. 3, pp. 129-200, jan./dez. 1976.

CASTORIADIS, C. A sedução dos jovens. *Folha de S. Paulo*, São Paulo, 20 set. 1998. Caderno Mais.

CHAHAD, José Paulo Zeetano; CERVINI, Ruben. *Crise e infância no Brasil: o impacto das políticas de ajustamento econômico*. São Paulo: IPE/USP, 1988.

CIAMPA, Antônio. Identidade. In: LANE, Sílvia (org.). *Psicologia social: o homem em movimento*. São Paulo: Brasiliense, 1985.

CICOUREL, A. *Method and measurement in sociology*. 6. ed. Nova York: The Free Press, 1969. Apud HAGUETTE, Tereza Maria Frota. *Metodologias qualitativas na sociologia*. Petrópolis: Vozes, 1987.

CODO, Wanderley; SAMPAIO, José Jackson Coelho; HITOMI, Alberto H. *Indivíduo, trabalho e sofrimento: uma abordagem interdisciplinar*. Petrópolis: Vozes, 1993.

COSTA, Antônio Carlos Gomes da. A criança, o adolescente e a rua: como abordar essa questão. Conferência proferida em seminário promovido pelo Conselho Regional de Psicologia/4ª região. Belo Horizonte, 9 jul. 1998.

CRIANÇA brasileira está sendo explorada. *Estado de Minas*, Belo Horizonte, 1º nov. 1994. Caderno Cidades.

DEFOE, Daniel. *A tour through the whole Island of Great Britain (1724-1726)* apud HUBERMAN, Leo. *A história da riqueza do homem*. Rio de Janeiro: Guanabara, 1986.

DEJOURS, Christophe. *A banalização da injustiça social*. Rio de Janeiro: Fundação Getúlio Vargas, 1999.

_____. *A loucura do trabalho: estudo de psicopatologia do trabalho*. São Paulo: Cortez, 1988.

ENRIQUEZ, Eugène. *A organização em análise*. Petrópolis: Vozes, 1997.

ENSINO no país preocupa empresários mineiros. *Estado de Minas*, Belo Horizonte, 14 nov. 1995.

ERIKSON, Erik. *Identidade, juventude e crise*. Rio de Janeiro: Zahar, 1976.

_____. *Infância e sociedade*. Rio de Janeiro: Zahar, 1971.

ESTADO DE MINAS. *Trabalho menor*. Belo Horizonte: Caderno Gerais Especial, 18 maio 1997.

FONSECA, Ricardo Tadeu Marques da. O direito à profissionalização, corolário da proteção integral das crianças e adolescentes. Trabalho apresentado no I Fórum Nacional Adolescência, Educação e Trabalho, Belo Horizonte, ago. 1997 (mimeografado).

FRANÇA, Júnia Lessa. *Manual para normalização de publicações técnico-científicas*. Belo Horizonte: UFMG, 1996.

FREUD, Sigmund. *Mal-estar na civilização*; 1930. Rio de Janeiro: Imago, 1969a. (Edição standard brasileira das obras psicológicas completas de Sigmund Freud, 21.)

_____. Psicologia das massas e análise do eu. In: _____ . *Ensaios de psicanálise*; 1921. Rio de Janeiro: Imago, 1969b. (Edição standard brasileira das obras psicológicas completas de Sigmund Freud.)

ADOLESCÊNCIA E TRABALHO

FRIGOTTO, Gaudêncio. Trabalho como princípio educativo: por uma superação das ambigüidades. *Boletim Técnico do Senac,* Rio de Janeiro, v. 11, n. 3, pp. 175-92, set./dez. 1985.

GERMANI, Gino. Presentación de la edición castellana. In: MEAD, George H. *Espiritu, persona y sociedad: desde el punto de vista del conductismo social.* Barcelona: Paidós, 1982.

GOMES, Carlos Minayo *et al. Trabalho e conhecimento: dilemas na educação do trabalhador.* São Paulo: Cortez/Autores Associados, 1987.

GOULART, Iris B. Psicologia social como referencial teórico para a psicologia do trabalho. *Jornal do Psicólogo,* Belo Horizonte, n. 59, p. 13, jan./fev. 1998.

HAGUETTE, Tereza Maria Frota. *Metodologias qualitativas na sociologia.* Petrópolis: Vozes, 1987.

HEILBORN, Maria Luiza. *Adolescência e trabalho: um enfoque cultural.* Trabalho apresentado no I Fórum Nacional Adolescência, Educação e Trabalho, Belo Horizonte, ago. 1997 (mimeografado).

HUBERMAN, Leo. *A história da riqueza do homem.* Rio de Janeiro: Guanabara, 1986.

HUZAK, Iolanda; AZEVEDO, J. Crianças de fibra. *Teoria e Debate.* São Paulo, n. 25, n. 7, jun./ago. 1994.

LAPASSADE, G. *Grupos, organizações e instituições.* Rio de Janeiro: Francisco Alves, 1977.

LEVEN, Michel. O trabalho no Brasil urbano. *A pastoral operária no Brasil contemporâneo.* São Paulo, jul. 1994.

LEITE, Elenice M. *Educação profissional no Brasil: construindo uma nova institucionalidade.* Trabalho apresentado no I Fórum Nacional Adolescência, Educação e Trabalho, Belo Horizonte, ago. 1997 (mimeografado).

LOURES, Marcelo. Juventude e criminalidade. *Estado de Minas,* Belo Horizonte, 10 abr. 1999. Caderno Pensar.

MAUSS, Marcel. *Sociologia e antropologia.* São Paulo: EPU, 1974, v. 1.

MEAD, George H. *Espiritu, persona y sociedad: desde el punto de vista del conductismo social.* Barcelona: Paidós, 1982.

MENDES, Ana Magnólia B. Aspectos psicodinâmicos da relação homem-trabalho: as contribuições de C. Dejours. *Psicologia Ciência e Profissão,* Brasília, ano 15, n. 1/3, 1995.

MORAES, Antônio Carlos Flores de. *Trabalho do adolescente: proteção e profissionalização.* Belo Horizonte: Del Rey, 1995.

MORAES FILHO, Evaristo de. *Introdução ao direito do trabalho.* Rio de Janeiro: LTr, 1971 apud MORAES, Antônio Carlos Flores de. *Trabalho do adolescente: proteção e profissionalização.* Belo Horizonte: Del Rey, 1995.

MOSCOVICI, Serge. Prefácio. In: GUARESCHI, P.; HOVCHELOVITCH, S. (org.). *Textos em representações sociais.* Petrópolis: Vozes, 1995, pp. 7-16.

MUNDO se reúne para avaliar trabalho infantil. *O Tempo,* Belo Horizonte, 27 out. 1997. Seção Atualidades.

OLIVEIRA, Oris de. *Trabalho educativo.* Trabalho apresentado no I Fórum Nacional Adolescência, Educação e Trabalho, Belo Horizonte, ago. 1997 (mimeo).

ORGANIZAÇÃO investe contra o trabalho infantil no MS. *Folha de S. Paulo,* São Paulo, 13 set. 1995. Caderno Cotidiano.

ORGANIZACIÓN INTERNACIONAL DEL TRABAJO. *La OIT y el mundo del trabajo.* Genebra, 1984.

PARA não valer: aprovada na surdina, lei proíbe trabalho antes dos 16. *Veja*, São Paulo, ano 32, p. 74, 20 jan. 1999.

PIZA, Edith Silveira Pompeu. *O caminho das águas: estereótipos de personagens negras por escritoras brancas.* São Paulo: Edusp/Com-Arte, 1998.

RIO defende flexibilização de leis que regulam trabalho adolescente. *Folha de S. Paulo*, São Paulo, 26 set. 1995. Caderno Cotidiano.

SANTOS, Eloísa Helena. Trabalho prescrito e real no atual mundo do trabalho. *Trabalho & Educação*; Revista do Nete, Belo Horizonte, n. 1, fev./jul. 1997.

_____; FERREIRA, Tânia. *Trabalho por quê? Sistematização da experiência do programa geração de trabalho.* Belo Horizonte: Amas, 1996.

SAMPAIO, Jáder dos Reis. Psicologia do trabalho em três faces. In: _____ ; GOULART, Iris (org.). *Psicologia do trabalho e gestão de recursos humanos: estudos contemporâneos.* São Paulo: Casa do Psicólogo, 1998.

SAVIANI, Demerval. O trabalho como princípio educativo frente às novas tecnologias. In: FERRETI, Celso João (org.). *Novas tecnologias, trabalho e educação: um debate multidisciplinar.* Petrópolis: Vozes, 1994.

SELIGMAN-SILVA, Edith. *Desgaste mental no trabalho dominado.* Rio de Janeiro: UFRJ/Cortez, 1994.

SIQUEIRA, Liborne. *Sociologia do direito do menor.* Rio de Janeiro: Âmbito Cultural, 1979.

SOUZA, Cristina Almeida. *A construção da personagem "trabalhador": um estudo sobre a identidade de jovens marginalizados socialmente.* Dissertação (Mestrado em Psicologia Social) – PUC-SP, 1994.

THIOLLENT, Michel. *Crítica metodológica, investigação social e enquete operária.* São Paulo: Polis, 1987.

TRABALHO menor. *Estado de Minas*, Belo Horizonte, 18 maio 1997. Caderno Gerais Especial.

UNIVERSIDADE FEDERAL DE MINAS GERAIS. Departamento de Pessoal. Divisão de Recursos Humanos. Relatório do grupo de trabalho instituído para avaliar o programa de contratação de menores mediante convênio entre a UFMG e a Cruz Vermelha – filial de Minas Gerais. Belo Horizonte, 1995.

VALLE, Arthur S.; VIEIRA, Isa Paula. Qualidade de vida no trabalho dos servidores técnico-administrativos da Universidade Federal de Minas Gerais. In: SAMPAIO, Jáder (org.). *Qualidade de vida, saúde mental e psicologia social: estudos contemporâneos.* 2. ed. São Paulo: Casa do Psicólogo, 1999.

ZAVALLONI, Mariza. L'identité psycosociale, un concept à la recherche d'une science. In: MOSCOVICI, Serge. *Introduction à la psycologie sociale.* Paris: Librairie Larousse, 1972 apud SOUZA, Cristina Almeida. *A construção da personagem "trabalhador": um estudo sobre a identidade de jovens marginalizados socialmente.* Dissertação (Mestrado em Psicologia Social) – Pontifícia Universidade Católica de São Paulo, São Paulo, 1994.

Foto: Ana Fonseca

João César de Freitas Fonseca

Mineiro, nascido e criado em Belo Horizonte em plena vigência do regime militar, abril de 1965. Formado em Psicologia, atua na área clínica no Instituto Renascimento. Há mais de 15 anos, trabalha na UFMG, onde atualmente ocupa a função de pró-reitor adjunto de Recursos Humanos. Mestre em Psicologia Social, leciona disciplinas ligadas à área de Gestão de Pessoas nos cursos de Administração, Psicologia, Ciências Contábeis e Comércio Exterior da PUC-MG e nos cursos de graduação e pós-graduação em Administração Pública da Fundação João Pinheiro. É casado e tem 4 filhos.

Sua trajetória – profissional e pessoal – é marcada pela preocupação em refletir sobre as diversas interfaces entre indivíduo e sociedade, reconhecendo o caráter multidisciplinar dessa questão. Ao mesmo tempo, tenta oferecer propostas que contribuam para destacar do conhecimento acadêmico a sua dimensão prática e auxiliar pessoas e grupos a melhorarem a qualidade de suas próprias vidas.

Atualmente, desenvolve pesquisas ligadas às áreas de formação profissional e qualidade de vida, investigando práticas adotadas por organizações não-governamentais na região nordeste de Belo Horizonte.

IMPRESSO NA
sumago gráfica editorial ltda
rua itauna, 789   vila maria
02111-031   são paulo   sp
telefax 11 **6955 5636**
sumago@terra.com.br

------------ dobre aqui ------------

ISR 40-2146/83
UP AC CENTRAL
DR/São Paulo

CARTA RESPOSTA
NÃO É NECESSÁRIO SELAR

O selo será pago por

summus editorial

05999-999 São Paulo-SP

------------ dobre aqui ------------

ADOLESCÊNCIA E TRABALHO

summus *editorial*

CADASTRO PARA MALA-DIRETA

Recorte ou reproduza esta ficha de cadastro, envie completamente preenchida por correio ou fax,
e receba informações atualizadas sobre nossos livros.

Nome:_____ Empresa:_____

Endereço: ☐ Res. ☐ Coml. _____ Bairro:_____

CEP: _____-_____ Cidade: _____ Estado: _____ Tel.: (   ) _____

Fax: (   ) _____ E-mail: _____ Data de nascimento: _____

Profissão:_____ Professor? ☐ Sim ☐ Não Disciplina: _____

1. Você compra livros:

☐ Livrarias ☐ Feiras
☐ Telefone ☐ Correios
☐ Internet ☐ Outros. Especificar:_____

2. Onde você comprou este livro?

_____

3. Você busca informações para adquirir livros:

☐ Jornais ☐ Amigos
☐ Revistas ☐ Internet
☐ Professores ☐ Outros. Especificar:_____

4. Áreas de interesse:

☐ Educação ☐ Administração, RH
☐ Psicologia ☐ Comunicação
☐ Corpo, Movimento, Saúde ☐ Literatura, Poesia, Ensaios
☐ Comportamento ☐ Viagens, *Hobby*, Lazer
☐ PNL (Programação Neurolingüística)

5. Nestas áreas, alguma sugestão para novos títulos?

_____

6. Gostaria de receber o catálogo da editora? ☐ Sim ☐ Não

7. Gostaria de receber o Informativo Summus? ☐ Sim ☐ Não

Indique um amigo que gostaria de receber a nossa mala-direta

Nome:_____ Empresa:_____

Endereço: ☐ Res. ☐ Coml. _____ Bairro:_____

CEP: _____-_____ Cidade: _____ Estado: _____ Tel.: (   ) _____

Fax: (   ) _____ E-mail: _____ Data de nascimento: _____

Profissão:_____ Professor? ☐ Sim ☐ Não Disciplina: _____

summus editorial
Rua Itapicuru, 613 – 7º andar 05006-000 São Paulo – SP Brasil Tel.: (11) 3872 3322 Fax (11) 3872 7476
Internet: http://www.summus.com.br   e-mail: summus@summus.com.br

cole aqui